Peter Wahl
Der Krieg und die Linken

Peter Wahl hat Gesellschaftswissenschaften mit Schwerpunkt Internationale Beziehungen und Romanistik in Mainz, Aix-en-Provence und Frankfurt a.M. studiert. Beruflich war er in Nord-Süd- und entwicklungspolitischen Zusammenhängen tätig, u.a. in der NGO »Weltwirtschaft, Ökologie & Entwicklung – WEED«. Im Jahr 2000 gehörte er maßgeblich zu den Gründern des globalisierungskritischen Netzwerks Attac in Deutschland. Zuletzt erschien von ihm 2023 im VSA: Verlag der Beitrag »Verhandeln statt schießen« in dem Sammelband »Krieg bis zur Erschöpfung?«

Peter Wahl

Der Krieg und die Linken

Bellizistische Narrative, Kriegsschuld-Debatten
und Kompromiss-Frieden

Eine Flugschrift

VSA: Verlag Hamburg

www.vsa-verlag.de

Der Autor dankt Bernd Knierim für die kritische Durchsicht des Manuskripts und viele hilfreiche Hinweise.

Druck und Buchbindearbeiten: CPI books GmbH, Leck
ISBN 978-3-96488-203-5

Inhalt

1. Einleitung

Der Krieg in der Ukraine hat die gesellschaftliche Linke[1] in Deutschland tief gespalten. Inzwischen hat der neue Krieg im Nahen Osten weitere Spaltungslinien hervorgerufen, z.T. quer zu jenen beim Ukraine-Krieg.[2] Das trifft die Linke in einer Situation, in der sie ohnehin schon seit längerem in einer schweren Krise steckt. Der Niedergang und die Spaltung der Partei DIE LINKE sind nur die Spitze des Eisbergs. Vieles davon findet sich auch in der außerparlamentarischen Linken wieder. Auch die Reste der SPD-Linken, die globalisierungskritische Bewegung und Akteure der radikalen Linken sind derzeit nur noch ein Schatten vergangener Bedeutung. Zwar gibt es auch in jüngster Zeit viele Proteste, so im Zusammenhang mit Corona und gegen die Klimakatastrophe, die beachtliche Demonstrationen auf die Straße brachten. Aber die Zeiten, in denen die Linken in den großen Protestbewegungen hegemonial waren, sind vorerst vorbei. Und jetzt auch noch die Kriege!

Hinzu kommt als besondere Komplikation, dass die AfD sich nicht nur im Aufschwung befindet, sondern sich auch als Friedenskraft geriert, sich gegen Waffenlieferungen und Sanktionen ausspricht und für einen Waffenstillstand und Verhandlungen mit Russland. Das ermöglicht ihr, angesichts der Schwäche der Linken, auch bei solchen Kreisen nach Stimmen zu fischen, die die

[1] Unter gesellschaftlicher Linke werden hier politische Organisationen, Gruppierungen und Personen verstanden, für die die soziale Frage zwar nicht einziger, aber zentraler Teil ihres Selbstverständnisses ist, und die zumindest einen kritischen Blick auf den Kapitalismus haben. Auch die Themen Demokratie, Frieden und Umwelt sind Teil linker Programmatik. Zur gesellschaftlichen Linken gehören demnach Parteien wie DIE LINKE, Teile der Gewerkschaften, Verbände, NGOs, Netzwerke bis in links-religiöse Milieus sowie soziale Bewegungen. Neoliberale Positionen gehören nicht dazu. Dass dabei über Grauzonen und Grenzfälle gestritten werden kann, versteht sich.

[2] Kurz vor Abschluss des vorliegenden Manuskripts, dessen Fokus auf dem Ukraine-Krieg liegt, begann der neue Krieg im Nahen Osten. Er kann daher nur am Rande thematisiert werden. Siehe dazu insbesondere die Kapitel 5 und 6.

Ukraine-Politik der Bundesregierung ablehnen. Dahinter steckt keine emanzipatorische Friedenspolitik, wie die Unterstützung der AfD für die Aufrüstung der Bundeswehr zeigt, sondern eine Mischung aus Parasitentum gegenüber der Antikriegsstimmung in weiten Teilen der Bevölkerung, Nationalismus und Sympathien für die konservative Gesellschaftspolitik in Russland.

Gegenüber dem Krieg im Nahen Osten scheint es interne Differenzen zu geben. Parteichef Tino Chrupalla schreibt: »Ich trauere um alle Kriegstoten. Jetzt müssen die Staaten der Region auf Deeskalation setzen, um einen Flächenbrand abzuwenden. Diplomatie ist das Gebot der Stunde.« (FAZ, 19.10.2023, S. 8) – eine Formulierung, die auch bei den meisten Linken und in der Friedensbewegung anstandslos durchgehen würde. Dagegen liegt MdB Rüdiger Lucassen, ehemaliger Oberst der Bundeswehr, näher bei der Regierungslinie, die die Sicherheit Israels zur sogenannten *Staatsräson* erklärt hat: »Noch sind nicht alle Kinder-Leichen in Israel geborgen, da sprießen in Deutschland die ›Diplomaten‹, ›Völkerrechtler‹, ›Historiker‹ und ›Beide-Seiten-Versteher‹ wie Knollenblätterpilze aus dem Boden.« (Ebd.).

All das ist eine verwirrende Gemengelage, in der die Kategorien links und rechts durcheinander geraten zu sein scheinen. Fast ist da die Linke in Italien zu beneiden. Die italienische Regierungschefin von den postfaschistischen *Fratelli d'Italia* und ihre Rechtskoalition liegen stramm auf NATO-Kurs. Das alte Koordinatensystem, in dem rechts und bellizistisch deckungsgleich waren, scheint südlich der Alpen noch intakt zu sein. So ist es auch nicht verwunderlich, dass die italienische Friedensbewegung, im Gegensatz zur einst so starken deutschen, noch immer Großdemonstrationen mit 100.000 Menschen für einen Verhandlungsfrieden auf die Straße bringen kann. Die wichtigsten innerlinken Streitpunkte zum Ukraine-Krieg sind:

- die Ursachen des Krieges,
- die Legitimität der Kriegsziele der Ukraine/des Westens, d.h. militärischer Sieg Kiews versus Verhandlungen und Kompromissfrieden,
- damit verbunden die Frage von Waffenlieferungen an Kiew,

- die Bedeutung des geopolitischen Kontextes des Ukraine-Krieges, insbes. die Rolle der USA, darunter die Frage, ob es sich um einen *Stellvertreterkrieg* handelt,
- die Einschätzung Russlands und seine Motivation für den Angriff im Februar 2022,
- die Haltung zu den Sanktionen des Westens.

Beim Nahostkrieg sind vor allem kontrovers:

- die Konsequenzen, die aus der deutschen Verantwortung für das singuläre Menschheitsverbrechen der Shoah für den aktuellen Konflikt zu ziehen sind,
- die Bewertung der Hamas, insbesondere die Legitimität bzw. Illegitimität von Terror als Mittel im antikolonialen Kampf, ihr religiöser Fundamentalismus und ihr Programm, das die staatliche Existenz Israels negiert,
- die Bewertung der Menschenrechts- und Völkerrechtsverletzungen Israels vor dem Krieg sowie beim aktuellen Vorgehen in Gaza.

Angesichts der allgemeinen Polarisierung des Meinungsklimas in der Gesellschaft und der in der Linken ohnehin schon immer etwas größeren Konfliktfreudigkeit wachsen sich die Meinungsverschiedenheiten oft schnell in Polemik, Konfrontation und Abbruch der Kommunikation aus. Freundschaften zerbrechen, selbst in Familien wird gestritten und die verschiedenen Lager bilden zunehmend hermetische Gesinnungsgemeinschaften.

Die Kontroversen zum Ukraine-Krieg verteilen sich grob auf folgende Strömungen bzw. mehr oder minder eng vernetzte Organisationszusammenhänge:

- Spektakulärstes Phänomen sind die Befürworter der Lieferung von Panzern und anderen schweren Waffen an die Ukraine, um damit einen militärischen Sieg Kiews und die Grenzen von 1992 zu erreichen. Dazu gehören prominente Linke, wie der thüringische Ministerpräsident Bodo Ramelow,[3] der ehemalige

[3] Süddeutsche Zeitung, 26.1.2023. www.sueddeutsche.de/politik/konflikte-erfurt-ramelow-selbstverteidigungsrecht-der-ukraine-sichern-dpa.urn-newsml-dpa-com-20090101-230126-99-363758.

Berliner Kultursenator Klaus Lederer und einige andere, sowie einige Intellektuelle. Besonders großkalibrig mag es z.B. der Kulturwissenschaftler Claus Leggewie, der von »Hekatomben von Toten […] nachweislich Völkermord […] systematische sexualisierte Gewalt, […] und nicht zuletzt die Auslösung einer weltweiten Hungerkrise« spricht. Das Ganze gipfelt dann in der Behauptung: »Russland ist Feind der Menschheit geworden.« (FAZ, 6.8.2022. S. 9). Auch so manche linke Aktivisten finden sich in diesem Lager, wie jenes langjährige Mitglied der Attac-Führung, das meint »jede Panzerfaust, die in der Ukraine einen russischen Panzer trifft, ist eine gute Panzerfaust«.[4] Das politische Gewicht dieser Strömung, die man als links-bellizistisch bezeichnen könnte, ist vor allem medial vermittelt. Eine eigenständige außerparlamentarische Mobilisierungsfähigkeit ist nicht vorhanden, sondern würde in den staatstragenden Initiativen aufgehen, wie es sie in den ersten Wochen des Krieges gab. Die Kluft zu den friedenspolitischen Positionen der anderen linken Strömungen ist so groß, dass sie wohl unüberbrückbar sein dürfte und als weiterer Sprengsatz im allgemeinen Prozess der Fragmentierung der Linken wirken wird.

- Unter den anderen Positionen sind zunächst die traditionelle Friedensbewegung und ihr Umfeld in der gesellschaftlichen Linken zu nennen, darunter die *Ostermärsche*, der *Bundesausschusses Friedensratschlag* u.ä. Dazu kommt ein Netz von zahlreichen lokalen Friedensinitiativen. Auch Teile der traditionsreichen Deutschen Friedensgesellschaft/Vereinigte Kriegsdienstgegner (DFG/VK) gehören dazu, und es bestehen Verbindungen zu christlichen Friedenskräften, wie *Pax Christi* u.ä. Aus diesem Sektor kommen nach wie vor Aktionen zu den Ostermärschen, zum Gedenken an Hiroshima, dem Antikriegstag und anderen Anlässen. Der russische Einmarsch wird – in unterschiedlicher Schärfe – verurteilt, aber es wird auf schnellstmögliche Verhandlungen und einen Kompromissfrieden gedrungen. Politisch besteht eine Affinität zur Kundgebung am

[4] Mail auf der Liste des Attac-Rates, 26.2.2022, 20:42 h liegt dem Autor vor.

25. Februar 2023 in Berlin mit mehreren zehntausend Teilnehmern, zu der Alice Schwarzer und Sahra Wagenknecht aufgerufen hatten. Deren *Manifest für den Frieden* hatte Ende Oktober 2023 knapp 900.000 Unterschriften.

- Davon setzt sich eine Strömung um das *Netzwerk Friedenskooperative* ab,[5] die ihre Wurzeln ebenfalls in früheren Phasen der Friedensbewegung hat, aber schon seinerzeit eher einem damals noch existierenden linksgrünen Milieu nahestand. Inhaltlich gibt es durchaus viele Überschneidungen zu dem anderen Traditionsmilieu. So plädieren auch diese Kräfte für Verhandlungen und einen Kompromissfrieden. Auch in der Ablehnung der Aufrüstung und Militarisierung in Deutschland gibt es Übereinstimmung. Allerdings ist die Mobilisierungsfähigkeit dieses Spektrums eher gering. Inhaltlich ist die Distanzierung von Russland wie schon in der Anti-Raketenbewegung der 1980er-Jahre besonders stark ausgeprägt. Ein neuer Streitpunkt mit der eher traditionalistischen Strömung ist der Umgang mit neuen Anti-Kriegsprotesten aus nicht-linken Zusammenhängen, wie der Bewegung gegen Corona und der Anthroposophie,[6] die ein vergleichsweise großes Mobilisierungspotenzial an den Tag gelegt haben. Ein Indikator dafür waren die Proteste gegen die Münchner Sicherheitskonferenz 2023, bei denen dieses Spektrum mit deutlich über 10.000 Teilnehmern die größte Kundgebung zustande brachte. Das traditionelle Bündnis gegen die Sicherheitskonferenz kam auf etwa 3.000. Über den Umgang mit diesen Kräften wird eine heftige Kontroverse darüber geführt, ob die Neuen sich genügend nach rechts und zur AfD abgrenzen.[7]

---

[5] www.friedenskooperative.de/ueberblick-ueber-friedensinitiativen-zum-ukraine-krieg.

[6] So beruht z.B. das Programm der Kleinpartei »Die Basis« auf der anthroposophischen Philosophie von der »Dreigliederung« der Gesellschaft.

[7] Siehe ausführlicher: Diskussionspapier der Ukraine-Initiative – Die Waffen nieder: Rechtsoffenheit in der Friedensbewegung – Kampfbegriff oder reales Problem? nie-wieder-krieg.org/2023/08/24/diskussionspapier_rechts-offenheit/.

- Eine gewisse Rolle spielt schließlich noch eine der radikalen Linken zuzurechnende Strömung (*Interventionistische Linke* und *Antikapitalistische Linke* – eine offizielle Fraktion der Linkspartei). Dort argumentiert man betont kapitalismuskritisch, z.B. gegen Rüstungskonzerne, wie die *Initiative »Rheinmetall entwaffnen!«*, beruft sich gern auf linke Imperialismustheorien und formuliert eine Position der ausdrücklichen Äquidistanz zwischen Russland und der NATO. Sie spricht sich auch gegen Waffenlieferungen und für einen Verhandlungsfrieden aus und wendet sich, wie die beiden vorherigen Strömungen, gegen die Aufrüstung der Bundeswehr und die Militarisierung von Politik und Gesellschaft.[8] Auch ihre Mobilisierungsfähigkeit ist recht beschränkt.

Daneben gibt es natürlich Zwischenpositionen innerhalb und zwischen den Hauptströmungen, z.T. mit eklatanten logischen und sachlichen Widersprüchen. Etwa wenn man gleichzeitig Verhandlungen und den vollständigen Rückzug der russischen Truppen, also eine russische Kapitulation, fordert.[9] Dabei geht es wohl eher darum, eine identitäres Signal zwecks innenpolitischer Positionierung zu setzen, als sich ernsthaft an den Kreml zu richten.

Angesichts der innerlinken Widersprüche ist auch nach mehr als eineinhalb Jahren Krieg die Eingriffsfähigkeit der Friedensbewegung im Vergleich etwa zu 2003, als 300.000 Menschen gegen den Irakkrieg auf der Straße waren, noch sehr schwach. Nicht zu reden von den Zeiten der Anti-Raketenbewegung in der alten Bundesrepublik der 1980er-Jahre.

---

[8] Aufruf der Interventionistischen Linken DEN KRIEG IN DER UKRAINE STOPPEN – EINE NEUE ANTIKRIEGSBEWEGUNG AUFBAUEN vom 11.3.2022: interventionistische-linke.org/beitrag/den-krieg-in-der-ukraine-stoppen-eine-neue-antikriegsbewegung-aufbauen; Erklärung der AKL »Antimilitaristischer Defätismus. … Wider eine militärische »Lösung« des Ukraine-Kriegs. jungeWelt, 9.6.2022: www.jungewelt.de/loginFailed.php?ref=/artikel/428135.krieg-in-der-ukraine-antimilitaristischer-defätismus.html.

[9] So z.B. in einem Aufruf zu Aktionen zum UN-Weltfriedenstag im September 2023: www.friedenskooperative.de/aktuelles/buendnis-ruft-zu-aktionen-fuer-einen-stopp-des-krieges-gegen.

Es ist das Ziel der vorliegenden Flugschrift, zum Verstehen des intellektuellen und affektiven »Betriebssystems« beizutragen, das die Linke angesichts des Ukraine-Krieges, des Kalten Kriegs 2.0. und des neuen Nahostkriegs antreibt. Wichtige Komponenten dieses »Betriebssystems« sind:

- das Fremdeln gegenüber der machtpolitischen Struktur und Dynamik des Internationalen Systems, also das, was unter den Begriff »Geopolitik« fällt, und dem Agieren der großen Spieler in diesem System, vorneweg der Supermacht Nr. 1, den USA;
- das weitgehende Fehlen einer eigenständigen Analyse der Eskalationsgeschichte des Konflikts. Die große Mehrheit der Linken befasst sich erst seit dem 24. Februar 2022 mit einem Konflikt, der schon lange vorher begann und eskalierte;
- ein Überschuss an affektgesteuertem, emotionalem und moralbasiertem Umgang mit dem Krieg. Hier liegen die deutlichsten Parallelen zum Umgang mit dem Nahostkrieg;
- viel Unkenntnis der inneren Verhältnisse der Ukraine und Russlands, was zur Abhängigkeit von den staatstragenden Medien und interessengeleiteter Expertise aus dem Mainstream geführt hat.

Das ist gerade beim Thema Krieg und Frieden fatal, da Deutschland mit massivem Engagement de facto Kriegspartei ist. Schon vor zehn Jahren hatte Frank Deppe konstatiert, dass »linke Außenpolitik mit einer Fülle von offenen Fragen konfrontiert« ist.[10] Hätte es eines Beweises bedurft, die aktuelle Verfassung des internationalen Systems liefert ihn tagtäglich. Es ist daher an der Zeit, wieder intellektuelle Gegenmacht gegen Bellizismus und Krieg aufzubauen.

---

[10] Frank Deppe, Imperialer Realismus? Deutsche Außenpolitik: »Führungsmacht in neuer Verantwortung«. Hamburg 2014, S. 136.

2. Déjà vu – linke Spaltungen über Krieg und Frieden

Dass der Krieg die Linke spaltet, ist kein neues Phänomen. Auch früher schon haben Kriege die Linken in dramatische Krisen gestürzt. Damit soll nicht im Gestus des Alles-schon-mal-da gewesen einer Verharmlosung der aktuellen Krise das Wort geredet werden. Aber ein Blick auf die Vergangenheit des Verhältnisses von Linken und Krieg fördert Muster zutage, die zum Verständnis der aktuellen Lage beitragen können. Dabei gilt die grundlegende Einsicht: Geschichte wiederholt sich nicht. Aber bestimmte Konstanten sind unübersehbar.

Wie sie lernten, die Bombe zu lieben – das Trauma 1914

Das erste große Trauma der Linken durch Krieg kam mit dem Ersten Weltkrieg – mit gravierenden welthistorischen Folgen, die sich prägend durch die Geschichte des 20. Jahrhunderts durchziehen sollten: der Spaltung der Linken in eine sozialdemokratische und eine kommunistische Strömung. Gemessen an dem Anspruch, mit dem die damalige Linke angetreten war, war der Schock wohl noch größer als bei dem russischen Einmarsch in die Ukraine 2022. Im Kommunistischen Manifest, damals auch für die Sozialdemokratie noch programmatisches Leitbild, heißt es: »Die Arbeiter haben kein Vaterland. Man kann ihnen nicht nehmen, was sie nicht haben.« Mit der Parole *Proletarier aller Länder vereinigt euch!*, und dem transnationalen Zusammenschluss der europäischen Arbeiterparteien in der II. Internationalen schien die Linke immun gegen bellizistische Anwandlungen zu sein. Linke Imperialismustheorien, wie Rosa Luxemburgs »*Die Akkumulation des Kapitals*« (1913) hatten zudem die Gefahr imperialistischer Kriege aus der Dynamik der kapitalistischen Entwicklung abgeleitet.

So gab es im Vorfeld des Ersten Weltkriegs immer wieder Warnungen. *Der Internationale Sozialistenkongress 1907* in Stuttgart hatte z.B. eine Resolution verabschiedet, in der es heißt: »Droht der Ausbruch eines Krieges, so sind in den beteiligten Ländern die Arbeiter und ihre parlamentarischen Vertreter verpflichtet, alles aufzubieten, um den Ausbruch des Krieges durch Anwendung entsprechender Mittel zu verhindern [...]. Falls der Krieg dennoch ausbrechen sollte, sind sie verpflichtet, für dessen rasche Beendigung einzutreten und mit allen Kräften dahin zu streben, um die durch den Krieg herbeigeführte wirtschaftliche und politische Krise zur politischen Aufrüttelung der Volksschichten und zur Beschleunigung des Sturzes der kapitalistischen Klassenherrschaft auszunutzen.«[11] Noch wenige Tage bevor der erste Schuss im Weltkrieg fiel, hatte die SPD in Berlin zu Demonstrationen aufgerufen, an denen trotz Verbot über 100.000 Menschen teilnahmen.

Was mag in einem aufrecht internationalistischen Linken vorgegangen sein, als er erleben musste, dass mit Ausnahme von Karl Liebknecht die komplette Reichstagsfraktion der SPD den Kriegskrediten zustimmte und auf den Kurs der Vaterlandsverteidigung einschwenkte? In Frankreich, wo nach dem Mord am sozialdemokratischen Parteivorsitzenden Jean Jaurès am 31. Juli 1914 auch die französische Sozialdemokratie umfiel, heißt der Burgfrieden *»union sacrée« – heilige Einheit!*

Für die Arbeiterklasse als solche traf das allerdings nicht in gleicher Weise zu, wie für ihre Organisationen. Wie die historische Forschung herausgefunden hat, waren die Bilder von der Kriegsbegeisterung, all die Fotos von den Abiturklassen, die sich geschlossen an die Front melden, mit Blumenstrauß der Braut im Gewehrlauf, in hohem Maße Medienpropaganda.[12] In der Eingangshalle des Pariser Ostbahnhofs kann man noch das französische Äquivalent als großflächiges Fresko sehen. Auch heute findet der offizielle Kriegskurs Deutschlands keineswegs die Mehrheiten, die sich seine Protagonisten wünschen, wie Umfragen regelmä-

[11] Zitiert nach Georg Fülberth, Das Ende des Bellizismus. Krieg und Frieden im Werk von Friedrich Engels. In: Neues Deutschland, 28.11.2020. www.nd-aktuell.de/artikel/1145026.krieg-und-frieden-das-ende-des-bellizismus.html.

[12] Wolfgang Kruse, Die Kriegsbegeisterung im Deutschen Reich zu Beginn des Ersten Weltkrieges, in: Ders.: Der Erste Weltkrieg, München 2014, S. 180–196.

ßig zeigen. Und je länger der Krieg dauert, umso mehr rutscht das Thema auf der Aufmerksamkeitsskala nach unten. Auch für den Ukraine-Krieg stellt sich, wie in allen Kriegen dieser Art, irgendwann Kriegsmüdigkeit ein.

Echt dagegen war 1914 der Kriegstaumel bei vielen Intellektuellen. Besonders berüchtigt ist das Manifest »*An die Kulturwelt!*« von Naturwissenschaftlern, Künstlern, Historikern und Geisteswissenschaftler, darunter mehrere Nobelpreisträger. Zu den 93 Unterzeichnern gehören u.a. Max Planck, Gerhardt Hauptmann, Wilhelm Röntgen, Max Lieberman und Engelbert Humperdinck. Selbst jemand, der sich wie kein Zweiter mit der Psyche des Homo sapiens auskannte, Sigmund Freud, schrieb zu Beginn des Krieges: »Meine ganze Libido gehört Österreich-Ungarn», und die skrupellose Erpressungspolitik Wiens gegenüber Serbien nach Sarajewo bezeichnete er als »das Befreiende der mutigen Tat.«[13]

Aus Erfahrungen mit der Linken im Ersten Weltkrieg sind einige Muster auch für die aktuelle Situation relevant:

- Nationalismus/Patriotismus und ähnlich identitäre Gemeinschaftskonstruktionen – heute z.B. die EU, oder der Wertewesten – können in kriegerischen Konflikten schnell überwältigend stark werden. Ihre regelmäßige Unterschätzung durch die Linke ist ein fataler Fehler. Nur weil die Linke, insbesondere die deutsche, sich selbst für anti-nationalistisch bzw. internationalistisch hält, bringt das weder die Sogkraft nationaler u.ä. Identitäten zum Verschwinden, noch macht es gegen solche identitären Anwandlungen in den eigenen Reihen immun.
- Nüchterne Analyse und pragmatische Abwägung geraten unter die Räder überschäumender Affekte und aufgepeitschter Emotionen.
- Organisationen der Linken sind unter dem Konformitätsdruck des politischen Systems anfälliger als ihre Basis und die subalternen Klassen generell.
- Für die Durchsetzung eines bellizistischen Kurses spielen Massenmedien und Multiplikatoren, Prominente und Meinungs-

[13] Sigmund Freud, Briefe 1907–1926, Frankfurt a. M. 1965. S. 180.

führer eine wichtige Rolle. Sie etablieren ein Wahrheitsregime, dem auch viele Linke sich nicht entziehen können.

Staatswerdung der Linken in der Oktoberrevolution

Der Sieg der Oktoberrevolution brachte die Staatswerdung der kommunistischen Bewegung in Form der Sowjetunion – und damit einen neuen Typus von Akteur, nämlich eine Staatsmacht mit linkem Anspruch. Damit kam aber auch ein neuer Typus von Problemen und spezifischen Widersprüchen für die Linke in die Welt. Denn ein Staat ist kategorial etwas anderes als eine Partei oder soziale Bewegung und funktioniert nach anderen Logiken. Wenn diese mit linker Programmatik kombiniert werden, kommt etwas Drittes heraus, das sich nicht so einfach in die traditionellen Kategorien von internationalistischer Solidarität und linker Friedenspolitik einfügen lässt.

Für unser Thema ist dabei von Relevanz, dass der neue Staat von Anfang an nicht nur mit Konterrevolution und einem blutigen Bürgerkrieg konfrontiert war, sondern auch mit militärischen Interventionen anderer Staaten, darunter Deutschland, England, Polen und die USA. Hoffnungen auf einen völlig anderen Umgang mit Militärischem, die durch die Abschaffung der Dienstgrade und Ränge und die Wählbarkeit der Kommandostellen entstanden waren, oder gar die Erwartung, einen Staat ohne Armee zu schaffen, zerschellten früh an der Realität. Die Revolution konnte nur überleben, wenn sie in der Lage war, sich militärisch zu verteidigen. Eine Erfahrung übrigens, die die Oktoberrevolution mit der Französischen Revolution teilt. Nach dem Sturm auf die Bastille versuchten die alten Feudalmächte Europas die alte Ordnung per Militärintervention wieder herzustellen.

Die Linke musste sich mit dem Gedanken vertraut machen, dass Militär und Krieg vorerst nicht aus der Welt zu schaffen sein würden. Dass dies von vielen allenfalls zähneknirschend akzeptiert wurde und die Beschäftigung damit höchst unbeliebt ist, hat dann meist wieder zu Problemen geführt, wenn sie später mit einem Krieg konfrontiert waren. Dass sich dagegen schon Friedrich Engels einen Namen als Militärtheoretiker und Kommentator außenpolitischer Konflikte gemacht hatte, scheint vergessen. Auch Lenin, Trotzki u.a. dachten in machtpolitischen Kategorien, die in der Beschreibung des internationalen Systems durchaus Überschneidungen zum geopolitischen Denken der herrschenden Klassen ihrer Zeit aufwiesen, wenn auch die politischen Ziele andere als die des bürgerlichen Lagers waren.

Die Erfahrungen mit dem Grauen des Ersten Weltkriegs führten nicht nur in der Linken, sondern auch in anderen Sektoren der Gesellschaft dazu, dass antimilitaristische, pazifistische Überzeugungen an Einfluss gewannen. In Publizistik, Literatur und den Künsten wurden Anti-Kriegshaltungen zu einem großen Thema. Auch hier lassen sich verallgemeinernde Schlussfolgerungen ziehen:

- Das Verhältnis von innergesellschaftlichen Verhältnissen und Außenpolitik eines Landes, hier der Sowjetunion, und andererseits deren Verhalten als normaler Territorialstaat im Internationalen System, erzeugt notwendig eine Komplexität und Widersprüche, die leicht zu Differenzen bis hin zu Spaltungen führen. Mit dieser Problematik wird die Linke im Verlauf der Geschichte immer wieder konfrontiert werden, nicht nur mit der UdSSR, sondern auch mit China, Vietnam, Kuba, nationalen Befreiungsbewegungen in Afrika, Asien.
- Nicht nur für die Linke, auch für den herrschenden Block war und ist das Verhältnis zwischen innerer Verfasstheit eines Staates und dem internationalen System ein Thema, wie die Parole aus dem Kalten Krieg 1.0 »*Freiheit oder Sozialismus*« zeigt, oder in der aktuellen Variante »*Demokratie versus Autokratie*«.[14]
- In all diesen Fällen gibt es einen Teil der Linken, der sich mit einem Staat bzw. einer Staatengruppe, einem Lager ganz oder teilweise identifiziert und Partei ergreift. Es entsteht eine Art Ersatz- oder Sekundär-Patriotismus. So wurde die Sowjetunion auch für einen großen Teil einer vaterlandslosen Linken in der ganzen Welt zum *Vaterland aller Werktätigen*. Wie im genuinen Nationalismus identifizieren sich dann Linke statt mit dem eigenen mit einem anderen Land, von dem die Verwirklichung

[14] Siehe dazu ausführlicher Kapitel 6.

der eigenen gesellschaftspolitischen Vorstellung angenommen wird. Aus der Parole des genuinen Nationalismus »*Right or Wrong my Country*« wurde »*Right or Wrong my Sowjetunion, my DDR, my Nicaragua*« – und bei einigen inzwischen auch »*my EU*« oder »*my Ukraine*« – und bei jenen Linken, die meinen, sich »ohne Wenn und Aber« an die Seite Israels stellen zu müssen, jetzt auch »*my Israel*«.

Spanischer Bürgerkrieg, die Linke und das Militärische

Interessantes Beispiel eines internationalen Konflikts, bei dem es relativ wenig Differenzen in der Linken gab, war die Solidarität mit der spanischen Republik im Bürgerkrieg 1936–39. Nach dem Putsch Francos gegen die demokratisch gewählte Volksfront griffen Nazi-Deutschland und das faschistische Italien zunächst mit Waffen und dann auch mit eigenen Truppen (*Legion Condor* und die italienischen *Corpo Truppe Volontarie*) in den Bürgerkrieg ein. Auch Polen unterstütze Franco mit Material und Waffen. Auf der Gegenseite stellte die Sowjetunion der Republik Waffen und Militärberater zur Verfügung, und die Komintern rief zur Gründung von Internationalen Brigaden mit Freiwilligen auf. Neben Kommunisten, Anarchisten und anderen Linken nahmen auch linksbürgerliche Kräfte aufseiten der Republik an den internationalistischen Militäreinheiten teil, darunter prominente Künstler wie George Orwell, André Malraux und Ernest Hemingway.

Spanien war zum Schauplatz eines Stellvertreterkrieges für den Großkonflikt geworden, der damals Europa spaltete. Bürgerkrieg, Internationalisierung des Konflikts, Waffenlieferungen, Stellvertreterkrieg. Kommt das jemandem bekannt vor? Hier haben wir einige der Muster, die sich auch im Ukraine-Krieg wiederfinden. Aber noch mal: Geschichte wiederholt sich nicht.

1939 – neue Spaltungen

1939 aber kam es zu einem erneuten Schock für die Linke. So wurde der Deutsch-Sowjetische-Nichtangriffspakt vom 24. August 1939 von vielen als Kollaboration mit dem deutschen Faschismus interpretiert. In der fiebrig aufgeheizten Atmosphäre der Vorkriegstage machten sich Enttäuschung, Wut und Depression in weiten Teilen der Linken breit. Eine Woche später, am 1. September, überfiel Deutschland Polen. Als dann am 17. September sowjetische Truppen das damalige Ostpolen bis zu der im geheimen Zusatzprotokoll des Nichtangriffspakts vereinbarten Linie besetzten,[15] war der Schock noch größer. Die sowjetische Geschichtsschreibung stellte dagegen den Nichtangriffspakt als taktischen Schachzug dar, Zeit zu gewinnen und nicht in einen Zweifrontenkrieg zu geraten, da man sich seit Juli 1939 in der Mongolei mit einem Angriff Japans konfrontiert sah.[16]

Das Thema ist heute wieder von brennender Aktualität. Denn in der Geschichtspolitik Polens, der baltischen Staaten und der Ukraine wird die Verantwortung für den Zweiten Weltkrieg einer Komplizenschaft zwischen Hitler und Stalin zugeschrieben und als geschichtspolitisches Pfund in der aktuellen Konfrontation mit Moskau eingesetzt.[17] In den letzten Jahren wird dies zunehmend auch im Westen übernommen, so in Erklärungen von Kommissionspräsidentin Ursula von der Leyen und des EU-Parlaments. So wird behauptet, dass Deutschland und die Sowjetunion »die Wei-

---

[15] Es handelt sich um die sogenannte Curzon-Line, die der damalige britische Außenminister in den Pariser Verhandlungen 1919 als polnische Ostgrenze vorgeschlagen hatte. Polen hat jedoch den Bürgerkrieg in Sowjetrussland genutzt, um großpolnische Träume zu verwirklichen, und ließ 1919 sein Militär nach Osten marschieren. Der darauffolgende polnisch-sowjetische Krieg endete 1921 zugunsten Polens, das sich im Frieden von Riga eine Osterweiterung um bis zu 250 km sicherte, darunter große Teile der heutigen Westukraine.

[16] Durch einen sowjetischen Sieg in der Schlacht am Chalchin Gol endete der Krieg mit einem Waffenstillstand am 16. August 1939.

[17] Man muss keine Militärakademie absolviert haben, um zu verstehen, dass ein Abkommen eine Woche vor Kriegsbeginn nicht Ursache des Zweiten Weltkriegs sein kann. Differenzierte Darstellungen dazu auf dem Stand der Forschung finden sich u.a. bei: Christoph Koch (Hrsg.), Gab es einen Stalin-Hitler-Pakt? Charakter, Bedeutung und Deutung des deutsch-sowjetischen Nichtangriffsvertrags vom 23. August 1939, Frankfurt a. M. 2015 sowie Benjamin Carter Hett, Eskalationen. Wie Hitler die Welt in den Krieg zwang. Stuttgart 2020.

chen für den Zweiten Weltkrieg stellten«.[18] Dagegen war Winston Churchill der Meinung: »Durch München und vieles andere war die Sowjetregierung davon überzeugt, dass England und Frankreich nicht kämpfen wollten, bevor man sie angriff, und dass sie auch dann nicht viel taugen würden. Der aufziehende Sturm war im Begriff loszubrechen. Russland musste für seine Sicherheit sorgen.«[19] Heute würde ihm das den Titel des Russlandverstehers einhandeln.

Obwohl die Geschichtsforschung ganze Bergmassive an Beweisen für die deutsche Verantwortung zutage gefördert hat und der Zweite Weltkrieg zu den eher seltenen Fällen gehört, bei dem die Kriegsschuldfrage sich sehr eindeutig beantworten lässt, wird diese Geschichtsklitterung aus dem herrschenden Block heraus eifrig befördert. Nicht ohne Pikanterie ist dabei, dass man bei der Kriegsschuldfrage für den Zweiten Weltkrieg die Rolle Nazi-Deutschlands wahrheitswidrig relativiert, während beim Ukraine-Krieg eine Relativierung der Verantwortung Russlands als absolutes No Go gilt.

Gefragt: mehr linke Sachkompetenz beim Thema Krieg und Frieden

Man könnte den Streifzug durch die Geschichte des Verhältnisses der Linken zum Krieg noch in die Nachkriegszeit fortsetzen, z.B. mit dem russischen Afghanistankrieg und den Kriegen des Westens gegen Jugoslawien, Afghanistan, Irak, Libyen, Syrien. Interessant auch der Einmarsch Vietnams in das Kambodscha Pol Pots 1978/79 und der kurz darauffolgende Krieg zwischen China und Vietnam – beides Länder mit sozialistischem Anspruch. Aber die Grundmuster der Probleme und Positionen, wie sie hier skizziert wurden, tauchen dabei immer wieder in ähnlicher Weise auf.

---

[18] Entschließung des Europäischen Parlaments vom 19. September 2019 zur Bedeutung des europäischen Geschichtsbewusstseins für die Zukunft Europas (2019/2819 [RSP]) www.europarl.europa.eu/doceo/document/TA-9-2019-0021_DE.pdf.

[19] Winston Churchill, Der Zweite Weltkrieg. Bern/München/Wien 1992. 1. Aufl. 1949, S. 178.

Als grundlegende Erkenntnis bleibt festzuhalten, dass das Thema Krieg und Frieden die Linke auf absehbare Zukunft sehr beschäftigen wird. Der Weg *Zum ewigen Frieden*, von dem schon Immanuel Kant in seiner Schrift mit diesem Titel träumte,[20] ist sehr weit. Im *Schlachthaus der Geschichte*, um eine Metapher des Dramatikers Heiner Müller aufzugreifen, herrscht noch immer Hochbetrieb. Mehr noch, die Zusammenballung von Krisen hat die Unsicherheit und Kriegsgefahr in der Welt wieder drastisch erhöht. Seit der Kuba-Krise 1962 stand die Menschheit nicht mehr so dicht am atomaren Abgrund wie heute. Wenn die Linken wieder Eingriffsfähigkeit gewinnen wollen, müssen sie sich intensiver mit Krieg und Frieden beschäftigen, auch dann, wenn nicht gerade ein großer Krieg tobt.

Dazu gehört als Erstes, wieder mehr Sachverstand zu entwickeln. Die Anti-Raketenbewegung der 1980er-Jahre hatte auch beträchtliche Kenntnisse über Atomwaffen und ihre Wirkung, über Schlüsselbegriffe wie Abschreckung, strategisches Gleichgewicht, Erst- und Zweitschlagsfähigkeit. Für jüngere Generationen sind das böhmische Dörfer – was kein Vorwurf ist. Soziale Bewegungen erzeugen zwar immer Erfahrungen und Wissen, aber das heißt nicht, dass das automatisch an nachfolgende Generationen vererbt würde.

Darüber hinaus hat sich die Welt im 21. Jahrhundert dramatisch verändert, und stellt emanzipatorische Politik vor neue und komplexe Probleme. Es genügt daher nicht, die Welt verändern zu wollen, man muss sie auch richtig interpretieren. Dazu ist es notwendig, dass die Linke ihr analytisches Verständnis davon schärft, wie die Weltpolitik heute funktioniert.

---

[20] Online verfügbar unter: www.gutenberg.org/ebooks/46873.

3. Die Linken und die Geopolitik

Die Linke hat ein distanziertes, wenn nicht gar ablehnendes Verhältnis zu Geopolitik. Das ist insoweit berechtigt, als der Begriff ursprünglich aus einer veralteten Theorie der internationalen Beziehung des 19. Jahrhunderts stammt, die das außenpolitische Verhalten eines Landes aus seiner geografischen Lage ableitete. Demnach würde z.B. aus der Insellage Englands die Notwendigkeit einer Flotte folgen. Solche Konstruktionen dienten zugleich als Rechtfertigung für imperialistische Außenpolitik. Bei den Nazis fand die Theorie Anwendung im Mythos vom »Volk ohne Raum«, weshalb man nach Osteuropa expandieren müsse.[21]

Allerdings hat sich die Bedeutung des Begriffs gewandelt. Mit dem Aufstieg der USA zur Supermacht nach dem Zweiten Weltkrieg entstand eine regelrechte Industrie aus Thinktanks, Regierungsagenturen und Geheimdiensten, Lobbyorganisationen, Zeitschriften und akademischen Vereinigungen, die den Anspruch haben, die Außenpolitik des Landes zu beeinflussen. Sie alle übernahmen den Begriff *geopolitics*. Gemeint waren damit jetzt generell die Struktur und Dynamik des internationalen Systems in machtpolitischer Perspektive. Die geografische Lage eines Landes ist darin nur noch ein Faktor unter mehreren (siehe hierzu den Abschnitt »Machtressourcen«).

In der deutschen Diskussion war es aus den oben genannten Gründen lange verpönt, von Geopolitik zu sprechen, erst recht in der Linken. Mit der Verschärfung der Konflikte zwischen den Großmächten in den letzten Jahren breitete sich der Begriff aber auch

[21] Geografie ist nicht völlig bedeutungslos geworden. In Verbindung mit anderen Faktoren spielt sie nach wie vor eine Rolle. So ist es nicht unerheblich, ob man eine Großmacht zum Nachbarn hat. Wenn die Großmacht dann eine quasi kontinentale Insellage hat, wie die USA, dann ist das geopolitisch natürlich sehr viel angenehmer, als wenn man, wie Russland, mehrere Tausend Kilometer Landgrenze mit NATO-Staaten hat. Das schafft Asymmetrien, die bei verfeindeten Großmächten ins Gewicht fallen.

hierzulande wieder aus. Das führte dazu, dass mitunter mit kritischem Unterton von einer »Rückkehr der Geopolitik« gesprochen wurde. Tatsache ist, dass die Geopolitik, verstanden als Machtpolitik im internationalen System, nie verschwunden war.

Definiert mit dem Fokus auf Macht und Herrschaft im Internationalen System ist Geopolitik durchaus mit linken Analysen und mit den Problemen von Krieg und Frieden kompatibel. Weil man aus emanzipatorischer Sicht zu Recht machtkritisch ist, kann das nicht heißen, sich mit den real existierenden Machtverhältnissen nicht zu befassen. Die Abneigung gegenüber geopolitischer Argumentation und Analyse trübt den Blick auf die Realität unserer Welt. Es ist nun einmal Tatsache, dass die Machteliten der Großmächte in solchen Kategorien denken und handeln. Machtblindheit ist Realitätsblindheit.

Hinzu kommt, dass geopolitischer Analyse oft eine Aura von kalter Herzlosigkeit nachgesagt wird. Der nüchterne Umgang mit Machtpolitik und den Ungeheuerlichkeiten von Militärischem und Krieg befremdet viele, die mit heißem Herzen deren Überwindung wollen. Aber die Trennung von sachlicher Analyse der bestehenden Verhältnisse und der normativen Orientierung zu deren Veränderung ist eine notwendige – wenn auch nicht hinreichende – Bedingung erfolgreicher politischer Praxis. Es gilt Rosa Luxemburgs Maxime: *Zu sagen was ist, bleibt die revolutionärste Tat.*

Wenn wir nun im Folgenden einen geopolitischen Blick auf das internationale System werfen, sind wir damit mitten in der Auseinandersetzung über den Ukraine-Krieg. Denn für die herrschende Meinung ist schon allein das Thematisieren des internationalen Kontextes dieses Krieges *whataboutism*, d.h. eine Ablenkung von dem, was sie für den exklusiven Dreh-und Angelpunkt des Krieges hält: die alleinige Kriegsschuld Russlands. Wer sich dem nicht fügt, riskiert, aus den zulässigen Diskursen ausgegrenzt zu werden.[22]

---

[22] Hier zeigt sich schön die Triftigkeit des Begriffes »Diskurs« in der Diskurstheorie z.B. Foucaults und anderer. Diskurs ist nämlich nicht einfach ein Synonym für »Diskussion«, sondern in der Art und Weise wie über die Wirklichkeit gesprochen – oder geschwiegen – wird, sind Macht- und Herrschafts-

Wenn die Ausblendung des geopolitischen Kontextes des Krieges beim offiziellen Bellizismus folgerichtig ist – alles andere würde die Moral an der Heimatfront untergraben – so ist es eine intellektuelle Bankrotterklärung, wenn Linke das tun. Es spricht dem Anspruch linken Denkens und seiner Verwurzelung in Aufklärung und kritischer Gesellschaftstheorie Hohn. Es ist so, als ob man über den *Ersten Weltkrieg* sprechen und über die imperialistischen Rivalitäten in Europa schweigen würde.

Grundzüge der Struktur und Dynamik des internationalen Systems

Angesichts des historisch einmaligen Ausmaßes an Verflechtung und Interdependenzen in der globalisierten Welt, haben die internationalen Beziehungen systemischen Charakter angenommen. Es ist ein internationales System entstanden, das nach einer eigenen Systemlogik funktioniert. Für kritische Gesellschaftstheorie ist Denken in Systemkategorien weder fremd noch neu. Die Kritik der politischen Ökonomie des Kapitalismus ist nicht nur, aber auch eine Systemtheorie. Und Hegels Grundsatz »*Das Wahre ist das Ganze*« ist ebenfalls systemisches Denken, in dem das konkrete Einzelne dialektisch in das Ganze des Systems eingebunden ist.

In dieser Tradition wurden in den Imperialismustheorien bereits vor dem Ersten Weltkrieg die internationalen Beziehungen, Großmachtkonflikte und Krieg in der Linken systemisch aufgefasst. Das gilt auch für Ansätze aus neuerer Zeit. So die Weltsystemtheorie Immanuel Wallersteins, die Fortschreibung der Imperialismustheorien durch Samir Amin oder die neo-gramscianisch geprägte Politische Ökonomie der internationalen Beziehungen.[23] Aller-

---

verhältnisse eingelassen. Das führt »eine zweifache Unterwerfung herbei: die Unterwerfung der sprechenden Subjekte unter die Diskurse und die Unterwerfung der Diskurse unter die Gruppe der sprechenden Individuen«. Michel Foucault, Die Ordnung des Diskurses. Inauguralvorlesung am Collége de France. 2.12.1970. Frankfurt a. M. 1994. Dt. Erstausgabe München 1974, S. 29.

[23] Immanuel Wallerstein, World Systems Analysis. An Introduction. Durham 2004; Samir Amin, Für ein nicht-amerikanisches 21. Jahrhundert. Der in die Jahre gekommene Kapitalismus. Hamburg 2003; online unter www.vsa-

dings wurden sie in der Linken kaum rezipiert, so wie das Thema Krieg und Frieden generell lange Zeit ein Schattendasein auf ihrer Agenda fristete. Im Folgenden skizzieren wir zentrale systemische Grundzüge der Weltordnung im 21. Jahrhundert.

Erstens: Der Nationalstaat bzw. Territorialstaat[24] ist nach wie vor der zentrale Akteur im internationalen System. Das ist keine Wertung, und hat nichts mit Nationalismus zu tun, sondern ist eine Tatsachenfeststellung. Der entscheidende Grund dafür ist, dass der Territorialstaat die bisher wirkmächtigste und effizienteste Form von Vergesellschaftung ist.[25] Andere Akteure, wie Transnationale Konzerne, sind letztlich ihren Herkunftsstaaten untergeordnet. Wie sich gerade am Ukraine-Krieg und der Sanktionspolitik zeigt, müssen die Profitinteressen der Konzerne aus dem Westen hinter den geopolitischen Interessen zurückstehen und sich z.B. den Sanktionen anschließen. Das gilt mehr noch für die sogenannte internationale Zivilgesellschaft.

Zweitens: Kein Staat existiert für sich allein, sondern immer nur in Wechselbeziehung zu anderen, zu Nachbarn, Rivalen, Gleichgesinnten, Feinden usw. Dementsprechend wird sein außenpolitisches Verhalten nicht nur aus seinen inneren Verhältnissen bestimmt, sondern auch aus der Dynamik des Systems. Das heißt nicht, dass dieses System ein mechanisch ablaufendes Uhrwerk wäre. Als von Menschen gemacht, erlaubt es immer verschiedene Handlungsoptionen.

Drittens: Es gibt keinen Weltstaat mit einer obersten Autorität. Das unterscheidet das internationale System kategorial vom Binnensystem der Staaten. Moderne Staatlichkeit weist durch Ver-

---

verlag.de/nc/detail/artikel/fuer-ein-nicht-amerikanisches-21-jahrhundert/]; Robert Cox, Weltordnung und Hegemonie – Grundlagen der Internationalen Politischen Ökonomie. Marburg 1998; Stephen Gill, Power and Resistance in the New World Order. London 2008.

[24] Viele Staaten sind nicht national oder ethnisch homogen, sondern multinational und -ethnisch, wie z.B. Indien, Russland, Belgien, Großbritannien, Türkei etc. Insofern ist der Begriff Territorialstaat treffender.

[25] Wie alle anderen Vergesellschaftungsformen ist er auch eine Form von Herrschaft, die von Fall zu Fall unterschiedlich ausfällt.

fassungen, Rechtssystem, politisches System etc. eine hohe Regelungsdichte auf, die die Machtverhältnisse und Konflikte der Gesellschaft in geordneten Bahnen halten und moderieren. Demgegenüber ähneln die zwischenstaatlichen Beziehungen eher dem, was die politische Theorie als »gesellschaftlichen Naturzustand« (Hobbes) beschreibt, der tendenziell anarchische Züge aufweist. Regulierende Staatlichkeit existiert hier nur in Ansätzen als Völkerrecht, zwischenstaatliche Verträge und internationale Institutionen. Vor allem existiert keine legitimierte oberste Instanz, wie ein Verfassungsgericht und eine Exekutive, die dessen Entscheidungen umsetzt. Der UN-Sicherheitsrat, der das ursprünglich sein sollte, ist durch das Veto-System blockiert, sobald Veto-Mächte an Konflikten beteiligt sind.

Viertens: Auch wenn völkerrechtlich alle den gleichen Status haben und nominal über völkerrechtliche Souveränität verfügen, sind die Elemente des Systems nicht wirklich gleich. Das System ist durch und durch hierarchisch. Wer an der Spitze steht, hat prägenden Einfluss und ist weniger abhängig. Je weiter es in der Hierarchie nach unten geht, umso geringer sind Handlungsspielräume und der Einfluss, umso größer die Zwänge, sich an das System anzupassen.

Fünftens: Die Position in der Hierarchie hängt von den Machtressourcen ab, über die ein Land verfügt. Die wichtigsten sind:

- militärische Macht,
- ökonomisches Potenzial,
- Stand und Verfügbarkeit von Technologie, insbesondere Spitzentechnologien,
- politischer Einfluss, z.B. in internationalen Organisationen und Netzwerken wie UNO, IWF, NATO, BRICS, G7 etc.
- Soft Power, d.h. der Einfluss von Wertorientierungen und auf die weltweiten Kommunikationssysteme, kulturelle Ausstrahlung in Massen- und Popkultur etc.

Die einzelnen Faktoren verstärken sich wechselseitig. Wer wirtschaftlich stark ist, kann sich ein größeres Militär leisten, und wer technologisch vorne liegt, verfügt auch über überlegene Militärtechnik. Die Durchsetzungsfähigkeit und Handlungsoptionen für eigene nationale Interessen ergeben sich als Resultante daraus.

Sechstens: Aufgrund all dieser Faktoren sind die machtpolitischen Kräfteverhältnisse das zentrale Regulationsprinzip im internationalen System. Normen, Völkerrecht, Regeln und institutionelle Arrangements werden von den großen Akteuren nur solange akzeptiert, wie sie ihre vitalen Interessen nicht infrage stellen. Eine Großmacht will möglichst keine normativen Bindungen eingehen, die ihre machtpolitischen Handlungsspielräume einengen könnten. Die USA sind auch in dieser Hinsicht führend.[26]

Unipolare versus multipolare Weltordnung

Aus den machtpolitischen Kräfteverhältnissen entsteht eine systemische Dynamik. Für etwa anderthalb Jahrzehnte nach Ende der UdSSR war das System unipolar, d.h. die USA waren unangefochten einzige Supermacht. Damit einher ging der Höhepunkt der neoliberalen Globalisierungswelle, die nicht einfach nur eine neue Phase in der Entwicklung des Kapitalismus war, sondern von Anfang an eine geopolitische Dimension hatte: Die Welt sollte nach den Vorstellungen der einzigen Supermacht gestaltet werden. Der US-Kapitalismus hatte darin die Pole-Position und konnte nach dem Zusammenbruch des sowjetischen Systems seine schon im Kalten Krieg starke Position weiter ausbauen – darunter mit seinen *Big Five* der digitalen Industrie: Apple, Amazon, Facebook, Google, Microsoft.

Inzwischen ist diese unipolare Ordnung am Ende. An ihre Stelle tritt ein komplexes multipolares System. In dessen Zentrum steht die Rivalität zwischen den USA und China. Gleichzeitig gab es mit dem Machtantritt Wladimir Putins ein Comeback von Russland als Großmacht. Auch Indien strebt einen Aufstieg zur Supermacht an, zudem spielt das Gewicht weiterer Länder des sogenannten Glo-

---

[26] So sind sie z.B. nicht der Seerechtskonvention beigetreten, und US-Behörden ist es sogar ausdrücklich verboten, mit dem Internationalen Strafgerichtshof zu kooperieren. Also jener Institution, die einen Haftbefehl gegen Putin erlassen hat. Auch das Minsk-II-Abkommen wurde von Washington von Anfang an ignoriert, obwohl es durch Beschluss des UN-Sicherheitsrats Völkerrechtsstatus erhalten hatte.

balen Südens, wie Brasilien, die Türkei, Südafrika, Indonesien etc. eine zunehmend größere Rolle.

Der Konflikt zwischen unipolarer und multipolarer Weltordnung steht seit etwa einem Jahrzehnt mit rasant wachsender Bedeutung im Zentrum des internationalen Systems. Er bildet das Gravitationszentrum der Dynamiken im Internationalen System, das nicht nur das Verhalten der Großmächte prägt, sondern auch alle wichtigen regionalen Probleme beeinflusst. Wie bei dem mythologischen König Midas, für den alles, was er anfasste, zu Gold wurde, so wird heute jedes regionale Problem von geopolitischen Interessen infiziert. Das gilt auch für den Ukraine-Krieg. Spätestens nachdem Kiew Gespräche mit Moskau über einen Kompromissfrieden nach dem Besuch Boris Johnsons am 9. April 2022 abgebrochen hatte,[27] wurde der Krieg zum Stellvertreterkrieg zwischen dem Westen und Russland.

Seine Einbindung in den geopolitischen Kontext hat den Charakter des Krieges verändert, auch wenn das offiziell geleugnet wird. In den USA wird das dagegen offen diskutiert. So schrieb z.B. Hal Brands, Inhaber des Henry-Kissinger-Lehrstuhls an der John Hopkins Universität und Mitglied des Beraterstabes des US-Außenministeriums, schon am 10. Mai 2022 in der Washington Post: »Russland hat Recht: die USA führen einen Stellvertreterkrieg in der Ukraine«, um dann zu erläutern: »Stellvertreterkriege sind ein lang existierendes Instrument in Großmachtrivalitäten, denn es ermöglicht der einen Seite, die andere auszubluten, ohne dass es zu einem direkten bewaffneten Zusammenstoß kommt. Im Kalten Krieg hat die Sowjetunion die USA in Korea und Vietnam ausgeblutet, indem sie kommunistische Stellvertreter unterstützte. Die USA bekamen Revanche in Afghanistan und Nicaragua in den 1980er-Jahren, indem sie anti-kommunistische Aufständi-

[27] Ukrainska Pravda 5.5.2022. Possibility of talks between Zelenskyy and Putin came to a halt after Johnson's visit. www.pravda.com.ua/eng/news/2022/05/5/7344206/.

sche unterstützten, die sowjetische Soldaten *töteten oder Moskaus Klientelstaaten destabilisierten*«.[28]

Der geopolitische Umbruch bedeutet eine Entwestlichung der Welt und das Ende der 500-jährigen euro-atlantischen Dominanz. Barack Obama hat die US-Sicht dazu prägnant formuliert: »Jene die meinen, dass Amerika sich im Niedergang befindet oder seine weltweite Führungsrolle verlieren würde, irren sich. [...] Amerika muss auf der Weltbühne immer führen«. Und zur Begründung heißt es dazu: »Ich glaube mit jeder Faser meines Wesens an die amerikanische Sonderstellung (exceptionalism).«[29]

Die Biden-Administration liegt auf der gleichen Linie: »Unsere Welt ist an einem Wendepunkt. Wie wir auf die gewaltigen Herausforderungen und die beispiellosen Chancen reagieren, die vor uns liegen, wird sich auf die Entwicklungsrichtung unserer Welt und die Sicherheit und den Wohlstand des amerikanischen Volkes auf Generationen hin auswirken«, heißt es in der Nationalen Sicherheitsstrategie, die ein Hauch von letztem Gefecht durchweht. Und um die Herausforderungen zu meistern sei es notwendig, »unsere geopolitischen Rivalen auszumanövrieren«. Gemeint sind China und Russland. Angeführt wird der Kampf von den USA, denn »es gibt kein Land, das besser geeignet wäre, mit Stärke und Entschiedenheit zu führen als die Vereinigten Staaten von Amerika«.[30] Auch wenn dies von vielen Linken in Westeuropa kaum zur Kenntnis genommen wird, für die US-Machteliten steht das immer an der Spitze ihrer außenpolitischen Agenda. Es prägt ihr Selbstbewusstsein, ihren Habitus, ihre Mentalität und durchdringt dementsprechend ihre gesamte Außenpolitik.

---

[28] www.washingtonpost.com/business/russia-is-right-the-us-is-waging-aproxy-war-in-ukraine/2022/05/10/2c8058a4-d051-11ec-886b-df76183d233f_story.html.

[29] Rede an der Militärakademie Westpoint, 28.5.2014. obamawhitehouse.archives.gov/the-press-office/2014/05/28/remarks-president-united-states-military-academy-commencement-ceremony.

[30] The White House. National Security Strategy. October 2022. www.whitehouse.gov/wp-content/uploads/2022/10/Biden-Harris-Administrations-National-Security-Strategy-10.2022.pdf.

Demgegenüber ist das strategische Ziel der chinesischen und russischen Außenpolitik ausdrücklich eine multipolare Weltordnung, wie bereits 2009 beim ersten Gipfel der BRICS-Staaten im russischen Jekaterinburg formuliert: »Wir wollen eine demokratischere und gerechte multipolare Welt auf der Grundlage des Völkerrechts, der Gleichheit, des gegenseitigen Respekts, der Zusammenarbeit, des gemeinsamen Handelns und kollektiver Entscheidungen aller Staaten.«[31]

Allerdings sind Umbrüche in der Hegemonialordnung der Welt immer auch gefährlich. Eine Harvard-Forschungsgruppe spricht von der Thukydides-Falle. Die Metapher bezieht sich auf den Peloponnesischen Krieg (431–404 v. Chr.) als Modellfall, den der Historiker Thukydides aus eigener Anschauung beschrieben hat. Mit dem Krieg ging die Vorherrschaft über Griechenland von Athen auf Sparta über. Die Harvard-Studie hat 16 solcher Fälle durch die Geschichte hindurch untersucht. In zwölf kam es zum Krieg.[32] Die etablierten Mächte wollen den Status quo erhalten, die aufsteigenden wollen ihn verändern. Das führt zu einem enormen Anstieg von Rivalität und Konflikt. Unter kapitalistischen Verhältnissen kommt die ökonomische Konkurrenz der einzelnen Kapitalinteressen und deren staatlicher Standorte hinzu.

Auch mit den aktuellen Umbrüchen haben wir es mit einer brisanten Situation zu tun, die jederzeit außer Kontrolle geraten kann. Die Linke und die Friedensbewegung haben auf die dramatischen Umbrüche noch kaum reagiert.

Und über allem das Gleichgewicht des Schreckens

Mit der Atombombe ist eine neue Qualität in die Menschheitsgeschichte gekommen. Sie schwebt wie ein Schatten über allen Konflikten, an denen Atommächte beteiligt sind. Dass es nach

---

[31] 10 Joint statement of the BRIC Leaders, Ekaterinburg, Russia, 16 June 2009. www.brics2018.org.za/sites/default/files/documents/Joint%20statement%20of%20the%20BRIC%20Leaders,%20Russia, %202009.pdf.

[32] Graham Allison, Destined for War: Can America and China Escape Thucydides's Trap? Boston/New York 2017, S. 42ff.

dem Einsatz der Atombombe durch die USA in Hiroshima und Nagasaki nicht mehr zu einem Atomwaffeneinsatz kam, ist im Wesentlichen dem sogenannten strategischen Gleichgewicht zu verdanken. Allerdings ist das ein *Gleichgewicht des Schreckens*. Es bedeutet, dass nach einem atomaren Erstschlag der Angreifer dank der Zweitschlagskapazität des Angegriffenen noch vernichtet werden kann. Allerdings mit der »Nebenwirkung«, dass ein solcher Schlagabtausch auch das Ende der menschlichen Zivilisation wäre.

Seit einigen Jahren zeichnet sich eine Erosion des strategischen Gleichgewichts ab, möglicherweise sogar des bewussten Versuchs, es zugunsten einseitiger Überlegenheit aus den Angeln zu heben, z.B. mit der Fähigkeit zum *Enthauptungsschlag* des Gegners. Der Verfall der atomaren Kontrollmechanismen hat schon vor gut 20 Jahren eingesetzt.

Rüstungskontrolle ist nicht Abrüstung, sondern die politische Steuerung einer ansonsten unberechenbaren Rüstungsdynamik – und zwar gemeinsam mit Rivalen oder Gegnern. Ihr liegt der Begriff der gemeinsamen und ungeteilten Sicherheit zugrunde, d.h. dass Sicherheit vor militärischer Gewaltanwendung nicht gegeneinander und zulasten anderer erreicht werden kann, sondern nur gemeinsam und für alle.

Daraus folgt auch ein Mindestmaß an Rücksichtnahme auf die Konfliktwahrnehmung, Sicherheitsbedürfnisse und Interessen des anderen. Das fand seinen Niederschlag in mehreren Abkommen zwischen den USA und der Sowjetunion, die über das Ende des Kalten Krieges hinaus Gültigkeit behielten. Aber:

- Schon 2002 kündigten die USA das *ABM-Abkommen*. Antiballistische Raketen (ABM) dienen der Abwehr von Langstreckenraketen oder Marschflugkörpern, die den Kern der strategischen Arsenale bilden. Kann ein ABM-System strategische Waffen abfangen, kann es auch die Zweitschlagskapazität des Gegners neutralisieren und damit das strategische Gleichgewicht aus der Balance werfen.
- Der sogenannte *Adaptierte Vertrag über Konventionelle Streitkräfte in Europa* (A-KSE-Vertrag), 1999 unterzeichnet, wurde

von Russland, Belarus und Kasachstan ratifiziert, nicht aber von den NATO-Staaten.

- 2019 wurde der INF-Vertrag, der die Stationierung von Mittelstreckenraketen und Marschflugkörpern in Europa verbot, von den USA gekündigt. Zwei Tage danach kündigte das Pentagon an, Mittelstreckenraketen in Asien zu stationieren.
- Im November 2020 kündigte Washington das *Open-Sky-Abkommen*, das regelmäßige Inspektionsflüge über dem Territorium der Vertragspartner erlaubt und eine wichtige vertrauensbildende Maßnahme war.

Hinzu kommt, dass technologische Innovationen – hier vor allem die Digitalisierung – neue Möglichkeiten der Kriegführung eröffnen. Sie führen zu einer Beschleunigung in allen militärischen Abläufen. Die Zielgenauigkeit von Waffen wird präziser, ihre Zerstörungskraft effizienter. Ein Beispiel ist der Einsatz von unbemannten Drohnen.

Auch die neueren Atomraketen enthalten (teil-)autonome Komponenten, z.B. manövrierfähige Sprengköpfe, die einer Raketenabwehr ausweichen können. Sowohl die USA als auch Russland und China verfügen über diese Waffen. So wie ihr Gegenstück, die Raketenabwehr, haben diese Systeme das Potenzial, das strategische Gleichgewicht zu kippen.

Der Weltraum ist schon lange militarisiert. Ohne satellitengestützte Navigationssysteme und Frühwarnsysteme ist Krieg nicht mehr denkbar. Regelrechte Waffen sind allerdings im Weltraum bisher nicht stationiert. Doch könnte sich das ändern. So wurde dem Weltraumkommando des Pentagons der Status einer eigenen Teilstreitkraft verliehen, damit, so Ex-Präsident Trump, »die Dominanz Amerikas im Weltraum nie bedroht wird.« (Zeit Online, 30.8.2019)

Vor diesem Hintergrund ist eine selten zitierte Passage aus Putins Rede vom 22. Februar 2022 zu verstehen, in der er den Angriff auf die Ukraine rechtfertigt: »Nachdem die Vereinigten Staaten den Vertrag über Kurz- und Mittelstreckenraketen gebrochen haben, entwickelt das Pentagon bereits offen eine Reihe von bodengestützten Angriffswaffen, darunter ballistische Raketen, die Ziele in einer Entfernung von bis zu 5.500 Kilometern erreichen können.

Wenn solche Systeme in der Ukraine eingesetzt werden, können sie Ziele im gesamten europäischen Gebiet Russlands sowie jenseits des Urals treffen. Tomahawk-Marschflugkörper bräuchten weniger als 35 Minuten, um Moskau zu erreichen, sieben bis acht Minuten für ballistische Raketen aus der Region Charkow und vier bis fünf Minuten für Hyperschallraketen. Das nennt man, das Messer an der Kehle zu haben.«[33]

Hinzu kommt, dass die ukrainischen Funktionseliten sich seit Jahren geradezu darum reißen, ihr Land zum unsinkbaren Flugzeugträger der NATO vor Moskaus Haustür zu machen und dieses Ziel auch in der Verfassung verankerten. Selbst wenn nicht das Äußerste eintritt, würde ein Kippen des strategischen Gleichgewichts ein enormes Erpressungspotenzial für die USA ergeben. Welcher Staatschef würde das hinnehmen?

Hier liegt das entscheidende Motiv für den russischen Einmarsch. Es handelt sich um einen Präventivkrieg aus der Befürchtung vor dem Kippen des strategischen Gleichgewichts. Auch Präventivkriege sind völkerrechtswidrig, selbst wenn manche Linke sie für legitim halten. So verteidigt Ludger Volmer, Staatssekretär unter Joschka Fischer und in den 1990er-Jahren einer der Wortführer des damals noch existierenden linken Flügels der Grünen, auch heute noch den Angriffskrieg der NATO auf Jugoslawien 1999 als Präventivkrieg: »Wer damals als Antifaschist den drohenden Völkermord verhindern wollte, musste einen Militäreinsatz zumindest tolerieren.«[34] Fischer selbst verstieg sich sogar dazu, es gelte »ein neues Auschwitz« zu verhindern. Unter Stichworten wie »präemptive Prävention« oder »offensive Defensive« hält auch die US-Militärdoktrin Präventivkriege für legitim – vorausgesetzt sie werden von Washington geführt, »um feindselige Akte unserer Gegner wenn nötig, präemptiv zu verhindern«.[35]

---

[33] Putins Rede an die Nation, 21.2.2022. www.anti-spiegel.ru/2022/praesident-putins-komplette-rede-an-die-nation-im-wortlaut/.

[34] Ludger Volmer, Ukraine-Krieg: Die Friedensbewegung sollte nicht fürs Falsche missbraucht werden. Gastbeitrag in der Berliner Zeitung. 15.3.2023.

[35] The National Security Strategy of the United States of America. Washington. September 2002, S. 14ff.

Die USA und ihre Machtressourcen

Die USA wollen erklärtermaßen ihre Vormachtstellung erhalten. Dazu unternehmen sie alles, um den weiteren Aufstieg Chinas zu stoppen und Russland in Schach zu halten. Letzteres begann schon sehr früh. So äußerte 1990 der damalige Präsident Bush (Senior): »Wir haben gesiegt und sie nicht. [...] Wir werden das Spiel gewinnen, aber wir müssen uns clever anstellen.«[36] In den Verteidigungsrichtlinien des Pentagons von 1992 heißt es: »Jede in Frage kommende feindliche Macht [ist] daran zu hindern, in einer Region dominant zu werden, die für unsere Interessen von ausschlaggebender Bedeutung ist. [...] Potenzielle Rivalen [sollen] erst gar nicht auf die Idee kommen, regional oder global eine größere Rolle spielen zu wollen.«[37]

Die Strategie fand ihre praktische Umsetzung in der NATO-Osterweiterung. Das sukzessive Heranrücken der Militärallianz an die russischen Grenzen ist der harte Kern des geopolitischen Konflikts zwischen Russland und dem Westen. Das sah schon 1995 selbst der damalige russische Präsident Boris Jelzin so, als er bei einem Gipfel mit US-Präsident Bill Clinton seine strikte Ablehnung der NATO-Osterweiterung erklärte.[38] Das Thema ist also keineswegs erst durch Putin auf die Tagesordnung gekommen. Allerdings war das Russland Jelzins durch das innenpolitische Chaos der Wendejahre so schwach, dass Washington die russischen Interessen ignorieren konnte.

Die USA haben folglich von Anfang an die Eindämmung Russlands betrieben. Sie glauben sich in der Lage dazu, weil sie quer durch alle Kategorien von Machtressourcen über Supermachtpotenzial verfügen:

- *Das mit Abstand stärkste Militär,* dazu ca. 120 größere Militärstützpunkte auf allen Kontinenten, sowie mit der NATO die Ver-

---

36 Zitiert nach: Bernd Greiner, Made in Washington. Was die USA seit 1945 in der Welt angerichtet haben. München 2021, S. 168.

37 Ebenda, S. 164.

38 Tagesspiegel, 22.3.1997. www.tagesspiegel.de/politik/jelzin-bleibt-bei-striktem-nein-zur-nato-erweiterung-557185.html.

fügung über ein Militärbündnis, auf das über die Hälfte sämtlicher Militärausgaben der Welt entfallen. Hinzu kommen die globalen Überwachungs- und Beeinflussungsmöglichkeiten im Cyberspace.[39] Gegenüber der EU hat die Biden-Administration die Spannungen der Trump-Ära beendet. Im pazifischen Raum sind sie dabei, anti-chinesische Allianzen – militärisch und ökonomisch – zu etablieren, so AUKUS (Australien, Großbritannien, USA) und im August 2023 bei einem Gipfel mit den Staatschefs Japans und Südkoreas in Camp David. Versucht wird auch, Indien in eine westliche Umlaufbahn zu ziehen;

- *das größte ökonomische Potenzial:* Mit ihren transnationalen Konzernen im Finanzsektor und der digitalen Industrie, verfügen sie über globale Präsenz. Hinzu kommt die Rolle des Dollars als Weltwährung und der Zugriff auf die globale Finanzinfrastruktur, wie SWIFT oder das Kreditkartensystem der drei marktbeherrschenden Firmen: American Express, Mastercard, Visa. Damit verfügen sie auch über enormen extraterritorialen Einfluss, weil sie ausländischen Unternehmen den Zugang zu ihrem Markt, zur Weltwährung und zur globalen Finanzinfrastruktur verwehren können. Unternehmen reagieren darauf meist mit vorauseilendem Gehorsam;
- *Technologieführerschaft* in vielen Bereichen, u.a. in strategisch Wichtigen wie Mikrochips, Quantencomputing, Bio-Engineering etc.;
- *politische Vernetzung* durch den global größten diplomatischen Apparat, Einfluss in allen multilateralen Institutionen, sei es durch den Status als Vetomacht in der UNO oder die rechtlich abgesicherte Sperrminorität im Internationalen Währungsfonds (IWF) und in der Weltbank;
- *Soft-Power*, d.h. globaler Einfluss auf gesellschaftspolitische und kulturelle Narrative, u.a. über ihre global ausstrahlenden Medien wie CNN, New York Times etc. sowie globale Ausstrah-

[39] So betrug z.B. das Budget der US-Geheimdienste 2013 schon 52,6 Milliarden Dollar, wie die Veröffentlichungen Edward Snowdens enthüllten. Im gleichen Jahr betrugen die russischen Militärausgaben 63,8 Mrd. Dollar.

lung der Kulturindustrie (Popkultur, Hollywood etc. inkl. deren kommerzielle Infrastruktur).

Damit verfügen sie über eine Bandbreite an Handlungsoptionen, wie sonst kein Land auf der Welt. Das ist verbunden mit einem Selbstbewusstsein und einer strategischen Kultur, die diese Möglichkeiten auch rigoros nutzten. Im Konflikt mit Russland wird das Machtpotenzial seit Jahren in voller Breite genutzt, allerdings unterhalb der Schwelle der offen militärischen Konfrontation. Unter dem etwas irreführenden Begriff *Sanktionen* – er suggeriert die moralische Legitimität eines Wirtschaftskriegs – führt Washington den Wirtschaftskrieg des Westens an, der über die Jahre immer weiter eskaliert wurde. Regeln, wie das friedenspolitisch zentrale Prinzip der ungeteilten Sicherheit, also die Einsicht, dass Sicherheit nur gemeinsam, nicht aber auf Kosten der anderen Seite erreicht werden kann, werden ignoriert. Seit Obamas Hinwendung nach Asien eskaliert auch der Einsatz der US-Machtmittel gegenüber China und findet in den geopolitischen und ökonomischen Maßnahmen der Biden-Administration ihren vorläufigen Höhepunkt.

Allerdings gehört zu der Bandbreite der Handlungsoption auch, dass die USA Konflikte herunterfahren oder ihr Engagement beenden können, ohne sich groß um andere Interessen zu scheren. Erinnert sei an den Abzug aus Kabul 2021, von dem die Verbündeten quasi aus der Zeitung erfuhren. Wie eine Studie der sehr einflussreichen *Rand Corporation* zeigt, ist die Interessenlage Washingtons im Ukraine-Krieg keineswegs so eindeutig, wie es die offizielle Rhetorik suggeriert.[40]

Angesichts der nach wie vor herausragenden Stellung der USA ist es nur folgerichtig, dass die Rolle Washingtons auch im Ukraine-Krieg in geopolitischen Analysen ausführlich zur Sprache kommt. Mitunter ist deshalb auch von links der Einwand zu hören, die Rolle Russlands oder Chinas gegenüber der der USA käme zu kurz oder würde gar zielgerichtet kleingeredet. Auf dem russischen Auge

---

[40] Samuel Charap/Miranda Priebe, Avoiding a Long War. U.S. Policy and the Trajectory of the Russia-Ukraine Conflict. Rand Corporation (Hrsg.). January 2023. www.rand.org/pubs/perspectives/PEA2510-1.html.

blind, so lautet dann gern der Vorwurf. Tatsächlich hat die Linke diese Analyse seit Jahren sträflich vernachlässigt und sich damit intellektuell selbst entwaffnet. Die Darstellung der Realität kann nicht in einer abstrakten Ausgewogenheit oder Äquidistanz geschehen. Vielmehr gilt: Wer *Number One* ist, über den muss entsprechend seiner Bedeutung auch gesprochen werden.

China und seine Machtressourcen

Der Aufstieg Chinas vom Entwicklungsland zur Supermacht ist nicht nur einmalig in der Menschheitsgeschichte, sondern auch ein Schock für den Westen, insbesondere die USA. Hier ist nicht der Raum, Chinas Gesellschaftsmodell – Staatskapitalismus, sozialistische Marktwirtschaft o.ä. zu erörtern.[41] Festzuhalten sind aber zwei grundlegende Tatsachen, die auch geopolitisch höchst relevant sind, und zu den Gründen gehören, warum China im Westen als Bedrohung gesehen werden:

- Die Überwindung der absoluten Armut und zunehmender Massenwohlstand sind, vor allem im Vergleich mit Indien, das ähnliche Ausgangsbedingungen hatte, Ausdruck eines am gesellschaftlichen Gemeinwohl orientierten Entwicklungsmodells. Das Ende der Armut eröffnet durch die Teilnahme an Bildungs-, Gesundheitssystem und Kultur individuelle Selbstverwirklichungschancen für Hunderte von Millionen und materialisiert so soziale und ökonomische Menschenrechte, wie sie in der UN-Menschenrechtscharta u.a. in den Artikeln 22–27 zum Recht auf Nahrung, Kleidung, Wohnung, ärztliche Versorgung soziale Sicherheit Bildung, Gesundheit kulturelle Teilhabe u.ä. festgeschrieben sind. Das sichert eine breite und seit Jahren wachsende Zustimmung der Bevölkerung, wie auch von westlicher Seite durchgeführte Umfragen bestätigen.[42] Bedeutsam unter geopolitischer Perspektive ist dabei zum einen, dass China mit

[41] Sieh z.B. Meng Jie/Jan Turowski (Hrsg.). Immer noch tastend den Fluss überqueren. Chinas marktsozialistisches Modell verstehen. Hamburg 2023.

[42] So z.B. eine Umfrage der kanadischen Universität York. Le Monde, 19/20.7.2020. S. 2.

seinen Entwicklungserfolgen über beträchtliche Soft Power vor allem im Globalen Süden verfügt. Zum anderen werden die Probleme des politischen Systems und Defizite bei den politischen Menschenrechten zum bevorzugten Thema in der Feindbildproduktion des Westens.

- Conditio sine qua non des Aufstiegs war die Rolle der Kommunistische Partei. Wie immer man das politische System des Landes beurteilt, fügt diese Tatsache der üblichen geopolitischen Rivalität zu den USA eine zusätzliche Dimension hinzu und macht die Konkurrenz zum Westen auch zu einem ideologischen Systemkonflikt, wie er im Kalten Krieg 1.0 zwischen der Sowjetunion und dem Westen bestand.

Militärisch liegt China, gemessen an den Militärausgaben mit großem Abstand an zweiter Stelle hinter den USA. Die chinesische Nukleardoktrin schließt einen atomaren Erstschlag aus. Die Zweitschlagskapazität ist derzeit nicht so groß wie die der USA und Russlands, aber so ausgelegt, dass ihre Abschreckungswirkung gegenüber Washington als ausreichend angesehen wird.[43] Anders als die USA, aber ähnlich wie Russland hat China das Problem der militärischen Einschnürung. Bei einem Blick auf die Landkarte wird deutlich, dass sich das Land an seiner Seegrenze einer Kette aus US-Verbündeten und US-Militärstützpunkten gegenübersieht. Sie beginnt im Norden mit Japan, geht über Südkorea, Taiwan, Guam, Australien, die pazifischen Stützpunkte des NATO-Partners Frankreich bis nach Singapur. Hinzu kommen die schwimmenden Stützpunkte der USA in Gestalt der US-Flotte und ihrer Flugzeugträger, die regelmäßig im chinesischen Meer kreuzen. Hier liegt der harte Kern des Konflikts um Inseln und Atolle im südchinesischen Meer.

Ökonomisch ist China, was die absolute Größe seines BIP angeht, den USA dicht auf den Fersen. In Kaufkraftparitäten gerechnet wurden die USA sogar bereits deutlich überholt. Von besonderer Bedeutung ist dabei, dass China in den Avantgarde-Sektoren des zeitgenössischen Kapitalismus, wie der digitalen Industrie, mit den USA

---

[43] Li Bi/Tong Zhao (Hrsg.). Understanding Chinese Nuclear Thinking. Carnegie Endowment for Peace. Washington 2016.

allmählich gleichzieht und in einigen Bereichen, wie dem der Künstlichen Intelligenz oder des Quantencomputings, möglicherweise sogar schon vorne liegt. Auch in der Weltraumtechnologie gehört China inzwischen zu den führenden Mächten. Hinzu kommt, dass China weltweit ökonomisch immer stärker vernetzt ist, und mit dem Seidenstraßenprojekt eine ökonomisch-infrastrukturelle Verbindung zwischen Asien und Europa entsteht. Die ökonomischen Gewichte der Weltwirtschaft haben sich nach Asien verschoben, und China ist dessen Gravitationszentrum. Allerdings ist zu berücksichtigen, dass der allgemeine Lebensstandard, gemessen am BIP pro Kopf, noch weit hinter dem der USA liegt.

Politisch: China ist ständiges UN-Sicherheitsratsmitglied. Über seinen langjährigen Status als Entwicklungsland in der sogenannten Gruppe der 77 ist es außerhalb der transatlantischen Zone bestens vernetzt. Die jüngsten Erfolge der chinesischen Diplomatie, wie bei der Vermittlung zwischen Iran und Saudi Arabien, und sein Einfluss in *BRICS* und *Shanghai Cooperation Organization (SCO)* zeigen, dass das Land auch international Weltmachtstatus erreicht.

Die Soft Power Chinas ist im Westen aufgrund der großen kulturellen Unterschiede und der rasant zunehmenden Feindbildproduktion gering. In weiten Teilen des Globalen Südens ist das jedoch anders. Dort ist der Erfolg seines Entwicklungsmodells sowie Chinas Rolle als führender Protagonist einer anti-hegemonialen, multipolaren Weltordnung eine bedeutende Soft-Power-Ressource.

Russland und seine Machtressourcen

Russland ist ein kapitalistisches Land. Nach offizieller Sprachregelung des IWF wird es als Schwellenland geführt. Der russische Kapitalismus leidet durch seine chaotische Entstehungsgeschichte unter einigen speziellen Deformationen. In der Ära Jelzin stand das Land kurz davor, zum gescheiterten Staat zu werden. Mit dem Amtsantritt Putins begann eine ökonomische und politische Konsolidierung, die auch mit einer Modernisierung der militärischen Fähigkeiten einherging. Anfängliche Versuche, eine Partnerschaft mit den USA und EU auf Augenhöhe einzugehen, was sich z.B. nach dem 11. September 2001 in logistischer Unterstützung der USA im Krieg gegen den Terror zeigte, scheiterten.

Militärisch ist Russland eine Supermacht. Seine Nuklearstreitkräfte erreichen annähernd Parität mit den USA. Das ist ein bitterer Wermutstropfen im Sieg der USA im Kalten Krieg. Die Vorstellung, dass Russland im Falle eines großen Atomkriegs dank seiner atomaren Zweitschlagskapazität fähig ist, die USA in Schutt und Asche zu legen, ist in Washington ziemlich unerträglich. Durch neue Technologien wie lenkbare Hyperschallgleiter, die die Raketenabwehr der USA durchdringen können, hat Moskau seine atomare Zweitschlagskapazität gehärtet. Bei der konventionellen Rüstung ist Russland aber der NATO gegenüber weit unterlegen.

Unter diesen Bedingungen ist das zentrale Sicherheitsproblem Moskaus die direkte Grenze mit der NATO. Von Estland aus ist die 100 km entfernte Metropole St. Petersburg schon mit Raketenartillerie erreichbar. Die Exklave Kaliningrad ist von NATO-Mitgliedern umschlossen. Mit einer NATO-Mitgliedschaft der Ukraine würde die NATO noch einmal eine 2.000 Kilometer längere Grenze gewinnen. Trotzdem behauptet ein Papier des New Yorker Büros der Rosa Luxemburg Stiftung, »Russlands Angriff auf die Ukraine ist keine Vergeltungsmaßnahme für die NATO-Ost-Erweiterung«.[44]

Darüber hinaus hat Russland ein weiteres Sicherheitsproblem, das durch den chaotischen Zerfall der Sowjetunion an der russischen Peripherie entstand. Dort gibt es russische Minderheiten, die seit Langem diskriminierenden Bedingungen ausgesetzt sind, darunter auch in Estland und Lettland.[45] In einigen Fällen hat das

---

[44] John Feffer, Die Rolle der USA im Ukraine-Krieg. New York, April 2023. Rosa Luxemburg Stiftung, New York Office (Hrsg.), S. 4. Es handelt sich nicht um eine einmalige Entgleisung Feffers. Die Website einer französischen Gruppe aus dem Spektrum der IV. Internationalen hat am 28.9.2023 einen Artikel von ihm veröffentlicht, in dem er das Konzept der Multipolarität zum Vehikel eines russischen Imperialismus erklärt. entreleslignesentrelesmots.wordpress.com/2023/09/28/lukraine-et-lordre-mondial/.

[45] Vgl. Matthias Golbeck, Russland, die baltischen Staaten und ihre Minderheiten. Arbeitspapier der Stiftung Wissenschaft und Politik (SWP). Forschungsgruppe Osteuropa und Eurasien. Berlin 2013.

zu separatistischen Bestrebungen und territorialen Abspaltungen geführt, wie in Süd-Ossetien und Abchasien gegenüber Georgien, in Transnistrien gegenüber Moldawien und seit 2014 besonders dramatisch im Donbass und schon Jahre zuvor auf der Krim. In einem Klima gutnachbarschaftlicher Beziehungen, Kooperation und internationaler Entspannung wären solche Probleme lösbar.

Ökonomie: Mit seinem sozio-ökonomischen System – ein Mix aus Neoliberalismus, Staatskapitalismus und Resten sowjetischer Strukturen – ist es den weitaus dynamischeren USA (und auch China) gegenüber weit unterlegen. Im für einen Weltmachtstatus wichtigen Bereich der Spitzentechnologien kann Russland nur bei der Raumfahrt und den Rüstungsgütern mithalten. In der Breite der technologischen Entwicklung ist es keine Großmacht.

Politisch beruht Russlands Großmachtstatus vor allem auf der ständigen Mitgliedschaft im UN-Sicherheitsrat sowie in jüngerer Zeit in den BRICS und der SCO. Bemerkenswert ist dabei, dass sich Russland – kulturell und historisch ein europäisches Land – jetzt strategisch auf Asien und andere Länder des Globalen Südens orientiert. Eine russische Spielart des *pivot to Asia*. Wie der Ukraine-Krieg zeigt, zahlt sich das für Moskau jetzt aus. Die westliche Absicht, das Land weltweit zu isolieren, ist gescheitert.

Die russische Soft-Power im Westen ist sehr gering. Allenfalls findet in einigen rechts-populistischen Kreisen der gesellschaftspolitische Konservatismus Sympathien. Das war zur Hochzeit der Sowjetunion anders, als zum Teil starke kommunistische Parteien (Italien, Frankreich) sich an Moskau orientierten, und die Systemkonkurrenz im Kapitalismus in Westeuropa die Herausbildung eines starken Sozialstaates begünstigte. Aber schon seit Amtsantritt Putins begann eine sich stetig steigernde mediale Feindbildproduktion. In den USA nahm sie McCarthy-hafte Züge an, nachdem Hillary Clinton die Schuld an ihrer Wahlniederlage gegen Donald Trump dem Kreml in die Schuhe geschoben hatte. Mit dem Ukraine-Krieg hat sich das Ansehen des Landes im Westen vollends ins Minus gedreht. Allerdings sieht das in China, Indien und vielen Ländern Afrikas und Lateinamerikas anders aus. Dort profitiert Moskau noch vom Image der Sowjetunion als Unterstützer der

Entkolonialisierung. Neuerdings kommt hinzu, dass die Orientierung auf eine multipolare Weltordnung ebenfalls auf Gegenliebe im Süden stößt. Die jüngsten Sympathiekundgebungen in Mali, Niger und anderen westafrikanischen Ländern sind typische dafür.

Unterm Strich zeigt unser kurzer Blick auf die außenpolitischen Machtressourcen Russlands, dass die Handlungsoptionen des Landes im internationalen System weitaus geringer sind als die der USA und Chinas.

Die EU und ihre Machtressourcen

Seit geraumer Zeit strebt die EU einen Platz im Klub der Weltmächte an. Es gibt kaum mehr ein Statement aus Brüssel, in dem nicht die Sehnsucht zum Ausdruck kommt, in der geopolitischen Champions League mitzuspielen. Um den Aufbau der Hardpower, d.h. militärischer Fähigkeiten, voranzutreiben, wurde dazu die sogenannte *Ständige Strukturierte Zusammenarbeit* (*PESCO*) intensiviert, gemeinsame Rüstungsprojekte vor allem der großen Mitgliedsstaaten, darunter ein Kampfflugzeug der neuen Generation und ein Panzer in deutsch-französischer Kooperation. Dahinter steht die – leider zutreffende – Einsicht, dass militärische Macht noch immer der wichtigste Faktor für den Status in der internationalen Hierarchie ist. Allerdings kämpfen diese Projekte mit vielen Schwierigkeiten bei der Umsetzung, und müssen mit Waffenproduzenten u.a. aus den USA, Großbritannien und Südkorea konkurrieren.[46]

Wollen ist eine Sache, *Können* eine andere. So gibt es gute Gründe daran zu zweifeln, dass die EU den ersehnten Weltmachtstatus erreichen kann. Denn

- die EU ist kein Territorialstaat wie die USA, China oder Russland, sondern ein Hybrid aus einer Allianz von Nationalstaaten und Elementen supranationaler Staatlichkeit. Das ist eine komplizierte Schönwetterkonstruktion, die nicht über die Handlungsfähigkeit eines großen Territorialstaates verfügt;

---

[46] Ausführlicher dazu: Peter Wahl, Die Illusion von der europäischen Armee. In: Jacobin, 1.1.2022.

- mehrere Mitgliedsländer vor allem im Osten, mit dem Schwergewicht Polen an der Spitze, vertrauen in militärischen Fragen eher den USA als der EU. Dabei ist ein Aspekt Misstrauen gegenüber Deutschland und Frankreich und deren Hegemonialanspruch innerhalb der EU;
- Atomwaffen sind eine wesentliche Komponente von Großmachtstatus. Allerdings verfügt in der EU nur Frankreich über die Bombe. Im Vergleich zu Russland ist das französische Arsenal aber zum einen klein, zum anderen ist Paris nicht bereit, die Souveränität darüber zu teilen. Zudem existiert bereits der *»atomare Schutzschild«* der USA, d.h. US-Atomwaffenlager in fünf EU-Ländern, darunter Deutschland, die im Ernstfall unter US-Kommando zum Einsatz kommen würden;
- solange die NATO existiert, wird die EU nicht zu einer eigenständigen militärischen Großmacht werden. Das Bündnis ist von den USA im Kalten Krieg 1.0. gegründet worden und ist bis heute deren Instrument geblieben. Deshalb trifft zur Beschreibung der Funktion der NATO das Bonmot ihres ersten Generalsekretärs, Lord Ismay, immer noch den Nagel ziemlich auf den Kopf: »to keep the Russians out, the Americans in and the Germans down.«[47]

Wobei die Germans gegenwärtig nicht mehr down gehalten werden müssen, eher die Franzosen mit den neo-gaullistischen Bestrebungen, die Emmanuel Macron mit seiner Forderung nach strategischer Autonomie zu Beginn seiner Amtszeit formuliert hatte. Der Ukraine-Krieg hat dem Konzept der strategischen Autonomie jedoch ein vorläufiges Ende gesetzt. Was in Brüssel pathetisch als transatlantischer Schulterschluss gerühmt wird, ist nüchtern betrachtet die Eingliederung der EU als subalterner Juniorpartner in das Lager der USA.

Dabei wird auch in Kauf genommen, dass die Unterordnung unter die US-Globalstrategie ökonomische »Nebenwirkungen« hat, wie die Abkopplung von russischem Gas und einem interessan-

[47] »Die Russen draußen, die Amerikaner drinnen und die Deutschen unten zu halten.«

ten Exportmarkt. Ökonomisch noch schwerwiegender ist das zunehmende Einschwenken auf die Konfrontation mit China. Das ist angesichts der viel engeren ökonomischen Verflechtung einiger EU-Staaten, vorneweg Deutschlands, für diese ein viel größeres Problem als für die USA. Washington schlägt damit drei Fliegen mit einer Klappe: Sie schwächt Russland, sie bereitet China Probleme und sie schwächt die EU als wirtschaftlichen Konkurrenten und damit auf dem einzigen Terrain, auf dem die EU tatsächlich Weltmachtformat hat.

Den USA ist es damit gelungen, einem ihrer grundlegenden außenpolitischen Prinzipien wieder Geltung zu verschaffen: Verständigung zwischen Westeuropa und Russland zu blockieren. Diese Doktrin gehört zum axiomatischen Grundbestand der US-Außenpolitik. In einem autoritativen Dokument des Wissenschaftlichen Dienstes des US-Kongresses, kann man dazu unmissverständlich lesen, dass »die Verhinderung der Entstehung eines regionalen Hegemons in Eurasien« seit über 100 Jahren über alle Parteigrenzen hinweg zu den fundamentalen Leitlinien der außenpolitischen Doktrin Washingtons gehört.[48]

Der Globale Süden

Ein neuer Faktor in den internationalen Beziehungen ist dagegen der Aufstieg des Globalen Südens zu einer einflussreichen Akteursgruppe. Es ist eine tektonische Verschiebung, mit der die 500-jährige Epoche der Dominanz Europas und seines nordamerikanischen Ablegers über den »Rest der Welt« zu Ende geht. Es ist die eigentliche Zeitenwende. Hatte die Bewegung der Blockfreien in der Ära des Kalten Krieges 1.0 noch kaum nennenswerte Eingriffsfähigkeit, so stecken hinter Selbstorganisationsprojekten wie den BRICS oder der SCO beträchtlich Machtressourcen. Ge-

---

[48] Congressional Research Service. U.S. Role in the World: Background and Issues for Congress. Updated January 19, 2021. crsreports.congress.gov/product/pdf/R/R44891. Das Dokument ist ein regelrechter Crashkurs in US-Außenpolitik.

messen in Kaufkraftparitäten[49] ist das Bruttoinlandsprodukt (BIP) der fünf Kernstaaten der BRICS schon jetzt größer als das der G7. Der Anteil des Westens (Japan mitgezählt) an der Weltbevölkerung beläuft sich schon jetzt nur noch auf 15%, der der EU auf ca. 5%. Zu Beginn des 20. Jahrhunderts stellte allein Europa noch ein Viertel der Weltbevölkerung.

Wie der BRICS-Gipfel im August 2023 in Südafrika zeigt, wächst die Attraktivität des Klubs. So wurden in einem ersten Schritt Ägypten, Argentinien, Äthiopien, Iran, Saudi-Arabien und die Vereinigten Arabischen Emirate aufgenommen. Insgesamt sollen 40 Länder Interesse an einer Mitgliedschaft gezeigt haben.

Auch der G20-Gipfel in Indien 2023 und die kurz darauffolgende UN-Vollversammlung bestätigten den Trend. Ursprünglich 1999 als paternalistisches »Dialogprogramm« westlicher Finanzminister mit ihren Counterparts aus großen Schwellenländern erfunden, war das Gremium in der großen Finanzkrise 2008 noch von George W. Bush zum jährlichen Gipfeltreffen erhoben worden. Viele glaubten damals, es sei eine Art Weltregierung entstanden. 2023 in Neu Delhi stand die Existenz des Gremiums jedoch auf der Kippe. Denn hätte der Westen auf seiner Position zur Ukraine bestanden, wäre dies das Aus für das Gremium gewesen. So hatte Gastgeber Indien nicht nur den Wunsch nach einem Videoauftritt des ukrainischen Präsidenten abgelehnt, sondern auch eine explizite Verurteilung Russlands – anders als im Vorjahr in Bali. »Die Zusammenarbeit mit den Schwellenländern war Amerika und Europa wichtiger als eine weitere Solidaritätsgeste für Kiew«, so das nüchterne Urteil der FAZ (11.9.2023; S. 1).

---

[49] Nach dieser Berechnungsmethode ist z.B. die chinesische Wirtschaft schon jetzt größer als die der USA, und Russland liegt gleich hinter Deutschland auf Platz sechs im internationalen Ranking. Nach Wechselkursparität liegt es (2021) nach Italien, Kanada und Südkorea dagegen auf Platz 11. Die Statistiken von IWF und Weltbank führen inzwischen sowohl die BIP-Berechnungsmethode nach Kaufkraftparitäten als auch die nach US-Dollar-Wechselkurs. Ausführlicher siehe Peter Wahl, Die internationale Vergleichbarkeit von Militärausgaben und der Big-Mac-Index. In: Z – Zeitschrift Marxistische Erneuerung, Nr. 135 Sept. 2023, S. 51ff.

Die Distanz des Globalen Südens gegenüber den USA und dem Westen wird zunehmen angesichts der Nachsichtigkeit der USA gegenüber Israels Verletzungen von Menschen- und Völkerrecht und die Missachtung zahlreicher UN-Beschlüsse sowie der Osloer Abkommen von 1993 und 1995, die eine Zweistaatenlösung vorsahen. Beim Umgang mit dem Osloer-Abkommen bestehen bemerkenswerte Parallelen zum Schicksal des Minsk-II-Abkommens (siehe Kapitel 4).

Natürlich verbirgt sich hinter dem Begriff *Globaler Süden* eine äußerst heterogene Vielfalt an Ländern und Interessen. In einigen Fällen sogar Rivalität und Territorialkonflikte, die bis zu bewaffneten Zwischenfällen führen, wie zwischen den BRICS-Mitgliedern Indien und China. Auch bei den neuen BRICS-Mitgliedern ist das so, wenn man z.B. an die Rivalität zwischen Iran und Saudi-Arabien denkt. Aber wie die Wiederaufnahme der Beziehungen im März 2023 zeigen, gibt es durchaus gemeinsame Interessen, die nüchtern wahrgenommen werden. Neben solchen bilateralen Interessen gibt es darüber hinaus das alle BRICS-Länder umfassende Interesse an einer anti-hegemonialen Weltordnung und die Befürwortung eines multipolaren internationalen Systems.

Das bedeutet gegenwärtig vor allem, sich nicht in den neuen Kalten Krieg hineinziehen zu lassen und im Ukraine-Krieg de facto eine neutrale Haltung einzunehmen. Die Versuche des Westens, eine globale anti-russische Front zu bilden, sind daher gescheitert. Von den großen Spielern im Globalen Süden beteiligt sich keiner am Wirtschaftskrieg und den Versuchen der Isolierung Moskaus. Stattdessen drängen sie in mehreren Initiativen auf eine Verhandlungslösung, so u.a. die Präsidenten von Brasilien und Mexiko, eine afrikanische Initiative unter südafrikanischer Führung sowie China.

Die Transformation des internationalen Systems zur Multipolarität ist ein Schritt zur Demokratisierung des internationalen Systems, ein Schritt zur Selbstermächtigung, der einigen Akteuren Stimme und Einfluss gibt, die sie bisher nicht hatten. Aber wohlgemerkt nur ein Schritt. Wenn Multipolarität nur eine Übergangsphase wäre, die darauf hinausliefe, den einen Hegemon durch einen anderen zu ersetzen, dann geriete die Welt vom Regen in die

Traufe. Immerhin wurde beim jüngsten BRICS-Gipfel erklärt, die UN-Charta ins Zentrum der neuen Weltordnung zu stellen. Wenn es auch in der Praxis dabei bleibt, wäre das ein zivilisatorischer Fortschritt in der Menschheitsgeschichte. Und der zweite Versuch, denn auch bei der Gründung der UNO nach dem Zweiten Weltkrieg war das die Hoffnung. Es wäre Aufgabe einer zukunftsfähigen Konzeption linker Außenpolitik, sich dazu eine eingriffsfähige Position zu erarbeiten.

4. Mehr als Vorgeschichte – die Konstruktion einer Erbfeindschaft

Wie im vorigen Kapitel dargelegt, ist das Ignorieren oder zumindest Herunterspielen des geopolitischen Kontextes des Ukraine-Krieges ein Leitmotiv des bellizistischen Narrativs – auch in Teilen der Linken. Ebenfalls ausgeblendet werden soll die Entstehungsgeschichte der Feindschaft zwischen Moskau und Kiew. Dabei ist die Analyse der Genese von Konflikt und Krieg schon immer Anspruch kritischer Friedens- und Konfliktforschung. Kriege fallen nicht vom Himmel, sondern haben eine Inkubationszeit, bevor es zum offenen Ausbruch kommt. Nur mit Wissen um die Ursachen eines Kriegs ist auch eine wirkliche Friedenslösung möglich. Ohne Anamnese keine Therapie. Daher ist die Abwertung und Verdrängung der Entstehungsgeschichte des Krieges als bloße »Vorgeschichte« Teil der intellektuellen Selbstentwaffnung der Linken.

Ein Problem dabei ist, dass sich die Entstehungsgeschichte nur analytisch vom geopolitischen Kontext abtrennen lässt. In der realen Welt sind beide untrennbar miteinander verbunden. Der bilaterale Konflikt Russland – Ukraine hat eigenständige Wurzeln, aber zugleich von Anfang auch internationale Dimensionen. Denn die Ukraine ist keine Großmacht und hätte aus sich heraus auch keinen bedeutenden Einfluss auf das weltpolitische Geschehen. Ihre exponierte Rolle ergibt sich aus der Nachbarschaft mit Russland und der daraus resultierenden Einbettung in den geopolitischen Kontext. Für Zbigniew Brzezinski, einer der prominentesten Geopolitiker der USA, Präsidentenberater und glühender Verfechter der US-Hegemonie, galt schon vor 25 Jahren: »Das weltweit wichtigste Spielfeld — Eurasien — ist der Ort, auf dem Amerika irgendwann ein potenzieller Nebenbuhler um die Weltmacht erwachsen könnte.«[50] In diesem »Ort« liegt zum einen der potenzielle »Ne-

[50] Zbigniew Brzezinski, Die einzige Weltmacht. Amerikas Strategie der Vorherrschaft. Frankfurt a. M. 1999, S. 64.

benbuhler« Russland und an dessen südwestlicher Grenze die Ukraine. Daraus folgt: »Die Ukraine, ein neuer und wichtiger Raum auf dem eurasischen Schachbrett, ist ein geopolitischer Dreh- und Angelpunkt, weil ihre bloße Existenz als unabhängiger Staat zur Umwandlung Russlands beiträgt.«[51] Im amerikanischen Original heißt der Titel des Buches *The Grand Chessboard* – das große Schachbrett. Die Metapher ist treffend: Die Ukraine ist ein Bauer auf dem Schachbrett internationaler Machtpolitik.

Aber das allein wäre noch keine hinreichende Erklärung für die Schärfe des Konflikts. Zwar hat es 1992 bei der Trennung anderer postsowjetischer Staaten von Russland anfangs auch z.T. heftige Konflikte gegeben, im Falle Georgiens 2008 sogar einen fünftägigen Krieg,[52] aber das ist nicht mit den dramatischen Ausmaßen des russisch-ukrainischen Verhältnisses zu vergleichen. Der Schlüssel dafür liegt in der internen Struktur der Ukraine.

Zwei Nationen in einer

Alle postsowjetischen Staaten waren durch ihre Zugehörigkeit zum zaristischen Imperium und zur UdSSR und der damit verbundenen Binnenmigration über Generationen ethnisch und kulturell nicht homogen, sondern multikulturelle Gesellschaften. Daher gab es auch überall eine bedeutende russische Minderheit und weitere Minoritäten. In Mittelasien, dem Kaukasus und im Baltikum gab es aber zugleich auch Mehrheitsgesellschaften: Kasachen, Kirgisen, Usbeken, Georgier, Esten, Letten etc. In der Ukraine existierten nach der Unabhängigkeit neben den Ukrainern lange Zeit eine so große russisch-affine Bevölkerungsgruppe, dass man von zwei Nationen in einer sprechen kann: »Man kann die vielen politischen Spaltungen, die die Ukraine plagen, nicht verstehen, wenn man nicht zuallererst begreift, dass sie von unterschiedlichen Narrativen über das gleiche Land stammen: über seine Wurzeln, seine Zukunftsvorstellungen, und darüber, wer die Schuld dafür trägt, dass diese Vorstellungen so oft durchkreuzt wurden«, heißt

[51] Ebenda, S. 74.
[52] Ausführlicher zum Georgien-Krieg siehe Kapitel 5.

es bei einem der besten Kenner der Ukraine, Nicolai N. Petro, Politikwissenschaftler an der Universität Rhode Island.[53] Es gibt aus der Geschichte zwei sehr unterschiedliche ukrainische Identitäten: *galizisch* und *malorussisch*.[54] Der Gegensatz zieht sich durch die Geschichte, und entlud sich in mehreren Bürgerkriegen. Zuerst Ende des Ersten Weltkriegs, dann im Zweiten Weltkrieg.

Nach 1945 verschwanden die Gegensätze zwar nicht völlig, verloren aber ihren harten Charakter. Wirtschaftlich ging es aufwärts, in den 1960- und 1970er-Jahren verfünffachte sich die Industrieproduktion der ukrainischen SSR und die Landwirtschaft legte um das Doppelte zu. Die Bevölkerung wuchs von 43 Millionen 1961 auf 52 Millionen.[55] Die Entwicklung war eingebettet in die sowjetische Gesamtentwicklung. In Spitzenämtern der KPdSU und staatlichen Funktionen gab es viele Ukrainer, vorneweg Leonid Breschnew. Auch gesellschaftlich war die Ukraine durch starke Zuwanderung, durch millionenfache Ehen und Verwandtschaftsbeziehungen voll in den Staatsverband der UdSSR integriert. Um einen Vergleich heranzuziehen: Die ukrainische SSR verhielt sich zur Sowjetunion ungefähr so, wie Bayern zu Deutschland.

Man muss sich diese engen Bindungen vergegenwärtigen, weil sie ein Licht auf die Schärfe des Bruchs werfen, der sich ab 2014 vollzog. Nach der Unabhängigkeit 1992 blieb zunächst eine Balance zwischen den beiden großen Gruppen bestehen, mit kleineren Verschiebungen mal zur einen, dann wieder zur anderen

---

[53] Nicolai N. Petro, The Tragedy of Ukraine. Berlin/Boston 2023. S. 36. Petro hatte zufällig kurz vor Beginn des Euro-Maidan ein Forschungsjahr in der Ukraine begonnen und wurde auf diese Weise auch unmittelbar Zeuge des dramatischen Jahrs 2014. Ebenfalls zur ukrainischen Geschichte: Kerstin S. Jobst, Geschichte der Ukraine. Stuttgart 2022.

[54] Das westukrainische Galizien war bis zum Ende des Ersten Weltkriegs Teil der k. u. k. Monarchie. Danach gehörten weite Teile als Kleinpolen (Malopolska) zu Polen, u.a. mit den Städten Lwiw und Tarnopol. Mit Malorossija (Kleinrussland) sind der Donbass und grosso modo die Gebiete links des Dnjepr/Dnipro bis an die Schwarzmeerküste gemeint. Neben den großen Bevölkerungsblöcken gibt es noch mehrere kleinere Minderheitengruppen, u.a. Ungarn, Rumänen, Tartaren und Juden.

[55] Petro, a.a.O., S. 68.

Seite. Einen entscheidenden Wendepunkt erreichte der Konflikt dann mit dem Euro-Maidan 2013/14.

Anfangs handelte es sich um eine breit zusammengesetzte Protestbewegung, in der Pro-EU-Positionen, Empörung über Korruption und andere Missstände zusammenkamen. Aber bald geriet der Maidan unter rechtsextreme Hegemonie. Der *Rechte Sektor* – aggressive Nationalisten, Rechtsextreme und offen faschistische Gruppen – hat seine Hauptbasis in der galizischen Westukraine. Wie alle Wahlergebnisse seit 1992 zeigen, verfügt der galizisch-ukrainische Nationalismus dort über eine Massenbasis. Auf dem Maidan machte der *Rechte Sektor* allerdings nur zwischen 10 und 20% der Protestierenden aus, hatte aber dank seiner paramilitärischen Organisation bald die Führung und eskalierte erfolgreich die Konfrontation gegen den damaligen Präsidenten Janukowitsch. Der spätere Kiewer Bürgermeister, Vitali Klitschko, hatte noch Anfang Februar 2014 über diese Kräfte gesagt: »Alle Mitglieder militarisierter Banditenorganisationen, die derzeit im Zentrum Kiews kämpfen, werden für Straftaten zur Rechenschaft gezogen.«[56]

Als sich im Februar 2014 die Lage zuspitzte, kam es mit dem französischen und deutschen Außenminister (damals Frank-Walter Steinmeier) und unter Teilnahme eines russischen Vertreters zu einer diplomatischen Initiative, um die Lage zu entspannen. Das führte am 21. Februar zu einer Vereinbarung mit dem damaligen Präsidenten Wiktor Janukowitsch, die vorgezogene Wahlen für den folgenden Herbst vorsah. Aber der *Rechte Sektor* lehnte strikt ab und stürmte am folgenden Tag den Amtssitz Janukowitschs. Am gleichen Tag beschloss das Parlament unter Bruch der Verfassung – das nötige Quorum für eine Amtsenthebung wurde nicht erreicht – die Absetzung Janukowitschs.

Wenn so etwas in Westafrika geschieht, würde man von Putsch sprechen, im Fall der Ukraine wurde der Umsturz zur *Revolution der Würde* deklariert, und die *»militarisierten Banditenorganisationen«*, von denen Klitschko gesprochen hatten, kamen bald in den Genuss einer Amnestie.

---

[56] Ebenda, S. 101.

Der Sieg eines aggressiven Nationalismus

Es begann eine neue Ära der ukrainischen Geschichte. Der Sieg des Euro-Maidan bereitete der über hundertjährigen Balance zwischen den zwei großen Bevölkerungsgruppen ein Ende. Das neue Regime verkündete als erstes die Abschaffung des Russischen als offizielle Amtssprache und die Kündigung des Abkommens über die Nutzung des Flottenstützpunktes Sewastopol für die russische Schwarzmeerflotte. Beides waren quasi Flaggschiffmaßnahmen, in denen der Geist der Sieger vom Maidan zum Ausdruck kam. Kiew begann eine rigorose Ukrainisierung gegen alles, was in irgendeiner Weise an Russisches erinnert. Die *Partei der Regionen*, die die Interessen der malorussischen Bevölkerungsteile vertreten hatte, wurde verboten, ebenso wie die *Kommunistische Partei* und andere als »pro-russisch« klassifizierte Organisationen.

Mit der massiven Ukrainisierung ging ein extremer Geschichtsrevisionismus einher. So wurden nach und nach alle Spuren der gemeinsamen Geschichte mit Russland beseitigt, Lehrpläne, Fernsehprogramme, Bibliotheken usw. von allem Russischen »gereinigt« und durch einen aggressiven Nationalismus ersetzt, einschließlich der Rehabilitierung faschistischer Personen und Organisationen. Durch den ehemaligen ukrainischen Botschafter in Berlin und gern gesehenen Gast in deutschen Talkshows, Andrij Melnyk, fällt beispielhaft Licht auf dieses Problem: Er ist bekennender Fan des Faschistenführers Bandera. Als er dann in einem Interview den Mord an Zehntausenden von Juden und Polen im Zweiten Weltkrieg durch Banderas Organisation leugnete und die israelische Regierung von einer »Verzerrung der historischen Tatsachen, eine Verharmlosung des Holocausts« sprach (FAZ, 2.7.2022, S. 5), musste er abberufen werden. Danach wurde er zum stellvertretenden Außenminister ernannt. Heute findet ein regelrechter Kult um Bandera und andere Figuren in dieser Tradition durch Denkmäler, Straßennamen und andere öffentliche Ehrungen statt.

Die Apologeten und Verniedlicher dieser Politik argumentieren an dieser Stelle immer, man könne die ukrainischen Faschisten nicht mit deutschen Nazis gleichsetzen, da ihre Kollaboration

»nur« dem Kampf gegen Russland gedient hätte. Unabhängig von diesem Verharmlosungsversuch ist Tatsache, dass die Programmatik von Banderas Organisation lupenreiner Faschismus ist, der einen »ethnisch geschlossenen ukrainischen Nationalstaat, in dem Juden ebenso unerwünscht waren wie Polen und Russen« anstrebte, und dessen Vorbilder »Mussolini, Hitler und die kroatische Ustascha-Bewegung« waren.[57]

Die extreme Russophobie des ukrainischen Nationalismus erinnert stark an die anti-französische Stoßrichtung des deutschen Nationalismus und die deutsch-französische »*Erbfeindschaft*« vom 19. Jahrhundert bis zur Nazi-Zeit. Rosa Luxemburg, die selbst im russisch beherrschten Teil Polens geboren und aufgewachsen war, kritisiert den ukrainischen Nationalismus aus eigener Anschauung: »In der russischen Ukraine war der Nationalismus bis zum Oktoberumsturz des Jahres 1917 in Petersburg ein Nichts, eine Seifenblase, eine Fatzkerei etlicher Dutzend Professoren und Advokaten, die meist selbst nicht ukrainisch reden können.«[58]

Nach dem Maidan – Abspaltung von Krim und Donbass

Nach dem Sieg des Euro-Maidan ging die Eskalation Schlag auf Schlag weiter.[59] Auf der Krim wurde unter Berufung auf das Selbstbestimmungsrecht ein Referendum angesetzt. Das lag auf einer Linie mit früheren Versuchen, sich von der Ukraine zu lösen. Bereits 1991 im Zerfallschaos der Sowjetunion hatte die Krim ein Unab-

---

[57] Wolfgang Benz, Kontroverse Erinnerung: Stepan Bandera, ein Terrorist als Nationalheld? In: Ders. (Hrsg.), Die Ukraine. Kampf um Unabhängigkeit. Geschichte und Gegenwart, Berlin 2023, S. 365.

[58] Rosa Luxemburg, Fragment über Krieg, nationale Frage und Revolution. Online: sites.google.com/site/sozialistischeklassiker2punkt0/luxemburg/luxemburg-1918/rosa-luxemburg-fragment-ueber-krieg-nationale-frage-und-revolution.

[59] Eine ausführlichere und vorzügliche Darstellung der Eskalationsgeschichte vom Maidan bis zum Februar 2022 findet sich bei Jürgen Wagner, Der Ukraine-Krieg: Vorgeschichte, Verlauf, Interessen, Waffen. In: Ausblick. Magazin der Informationsstelle Militarisierung, Ausgabe 112, März 2023. www.imi-online.de/publikationen/ausdruck/ausdruck-inhaltsverzeichnisse/#März2023.

hängigkeitsreferendum durchgeführt, um die Entscheidung Nikita Chruschtschows von 1954, die Krim der ukrainischen Sowjetrepublik zuzuschlagen, rückgängig zu machen. Bei einer Wahlbeteiligung von 83% votierten 93% für Autonomie. Mit dem Ende der Sowjetunion wurde das hinfällig, aber schon bei dem gesamtukrainischen Referendum zur Unabhängigkeit von 1991 hatten im Westen der Ukraine jeweils über 90% der Unabhängigkeit zugestimmt, in Sewastopol dagegen nur eine Minderheit von 36%.[60] Auch danach gab es mehrere Versuche, größere Autonomie von Kiew zu erhalten, die z. T. militärisch unterdrückt wurden.[61]

Gedeckt durch russisches Militär aus dem Flottenstützpunkt Sewastopol fand das Referendum am 16. März 2014 eine große Mehrheit für die Unabhängigkeit von Kiew. Trotz Verfahrensmängel gab das Ergebnis im Wesentlichen die Stimmung in der Bevölkerung wieder. Das bestätigen auch westliche Analysen und Meinungsumfragen.[62] Kurz danach wurde der Anschluss an Russland vollzogen.

Anders gelagert war die Situation im Donbass. Auch dort ist die Mehrheit der Bevölkerung russisch-stämmig und/oder russischsprachig, aber nicht in gleichen Größenordnungen wie auf der Krim. Zwar gab es auch hier Anti-Maidan-Proteste und ein informelles Referendum für Autonomie, aber die Zugriffsmöglichkeiten Kiews waren größer. Bereits am 14. April 2014 wurden die Autonomiebestrebungen von Kiew zu Terrorismus erklärt und eine militärische »Anti-Terror-Operation« eingeleitet, an der nicht nur reguläres Militär, sondern auch Freikorps des Rechten Sektors teilnahmen. Es begann ein Bürgerkrieg, dem sich aufseiten der Autonomiebewegung auch russische Freiwillige mit logistischer Unterstützung aus Russland anschlossen. Die militärische Lage eskalierte und führte zu einem richtigen konventionellen Krieg mit Panzern,

---

[60] Petro, a.a.O., S. 72.

[61] Ebenda S. 178ff.

[62] So z.B. Pew Research Center, Despite Concerns about Governance, Ukrainians Want to Remain One Country. Washington 2014, S. 6. Oder Gwendolyn Sasse, Terra Incognita. The public mood in Crimea. Zentrum für Osteuropa und internationale Studien. Report 3/2017. Berlin. www.zois-berlin.de/publikationen/terra-incognita-the-public-mood-in-crimea.

Artillerie und Luftwaffe. Die ukrainische Armee erlitt dabei mehrere Niederlagen, so im September 2014 in der Schlacht um die Stadt Iljowajsk und im Februar 2015 in Debalzewe.

Die militärische Lage führte zu Verhandlungen im *Normandie-Format* (Deutschland, Frankreich, Russland, Ukraine) und Minsk II. Eine Umsetzung der einzelnen Maßnahmen des Abkommens hätte zu einem Autonomiestatus des Donbass, aber auch zu seinem Verbleib im ukrainischen Staatsverband geführt. Wie sowohl der damalige Staatschef der Ukraine, Petro Poroschenko, als auch die damalige Kanzlerin Angela Merkel und der französische Staatspräsident, François Hollande, für die westlichen Garantiemächte bestätigten, war an eine Umsetzung nie gedacht. Vielmehr ginge es darum, Zeit für die Aufrüstung der Ukraine zu gewinnen, um dann zum geeigneten Zeitpunkt Revanche zu nehmen. Folglich ging der Konflikt auch nach Minsk II als Krieg niedriger Intensität weiter, mit 14.000 Toten, darunter 4.000 Zivilisten.

Die Dilemmata des Selbstbestimmungsrechts

Das Referendum auf der Krim nahm als völkerrechtliche Rechtfertigung das *Selbstbestimmungsrecht der Völker* in Anspruch. Das Recht taucht bereits in Artikel 2 der UN-Charta auf. Bei Erscheinen der Charta 1945 ging es vor allem um das Selbstbestimmungsrecht der Kolonien und deren Recht auf einen eigenen Staat. Da die Entkolonialisierung mit wenigen Ausnahmen abgeschlossen ist, steht heute der Anspruch nationaler Minderheiten in bestehenden Staaten auf Autonomie oder Unabhängigkeit im Vordergrund. Dafür finden sich aktuelle Beispiele überall in der Welt, darunter einige Krisenhotspots wie Taiwan, Kurdistan (sowohl in der Türkei wie in Syrien, dem Irak und im Iran von Bedeutung), die palästinensischen Gebiete, Westsahara, Nord-Zypern, Kosovo und im postsowjetischen Raum Süd-Ossetien, Abchasien und Transnistrien.

Die Brisanz dieses Konflikttyps wurde jüngst durch die dramatischen Entwicklungen Konfrontation zwischen Armenien und Aserbaidschan um Bergkarabach und kurz danach im Nahen Osten demonstriert. Zum einen zeigt der Krieg im Südkaukasus, dass Konflikte aus dem Zerfallsprozess der Sowjetunion durchaus auch ohne Russland zum Krieg eskalieren können. Zum anderen hat Aserbaidschan unter völkerrechtlicher Perspektive genauso agiert wie Kiew mit seiner »Anti-Terror-Operation« ab 2014, denn rechtlich gehörte Bergkarabach zu Aserbaidschan, was selbst von Armenien nicht bestritten wurde. Im Gegenteil, der armenische Präsident Nikol Paschinjan hatte sich im Oktober 2022 auf Initiative Macrons und der EU in Prag mit dem aserbaidschanischen Staatschef in Prag getroffen und dabei die völkerrechtliche Lage ausdrücklich bestätigt, und zugleich einer Beobachtermission der EU an den Grenzen von Bergkarabach auf armenischem Territorium zugestimmt.[63] Damit war das Monopol auf eine Vermittlerrolle, das bis dahin bei Moskau lag, gebrochen und die EU hatte im geopolitischen Spiel einen Fuß in der Tür. Zudem hat Paschinjan erstmals eine gemeinsame Militärübung mit den USA angesetzt, obwohl Armenien offiziell ein Militärbündnis mit Russland hat. Paschinjans Ziel ist, den russischen Einfluss in der Region mindestens zurückzudrängen, wenn nicht sogar ins westliche Lager zu wechseln. Die EU steckt bei alledem in dem Dilemma, dass sie im Zuge der Abkopplung von Russland Aserbaidschan als Gaslieferanten entdeckt und zum strategischen Partner ernannt hat. Auch hier haben wir wieder die Verknüpfung von geopolitischen Interessen und nationalen/territorialen Konflikten, die einfache Lösungen äußerst schwierig macht, sosehr sie unter humanitären Gesichtspunkten wünschenswert wären.

Auch in Westeuropa spielt dieser Problemtypus eine Rolle, so in Schottland, Flandern und Katalonien. In Kanada gab es 1995 ein – erfolgloses – Referendum über die Abspaltung der französischsprachigen Provinz Quebec. Je nach politischem Standpunkt und politischer Konstellation ist dann von Separatismus oder Unabhängigkeit bzw. nationaler Selbstbestimmung die Rede.

---

[63] Kommuniqué des Rats der EU, 6.10.2022. www.consilium.europa.eu/en/press/press-releases/2022/10/07/statement-following-quadrilateral-meeting-between-president-aliyev-prime-minister-pashinyan-president-macron-and-president-michel-6-october-2022/.

Auch in der Linken ist das Thema in der Regel kontrovers, sofern es denn überhaupt wahrgenommen wird.

Die Brisanz zeigt einmal mehr der neue Krieg zwischen Palästinensern und Israel. Ausgelöst durch den Terrorangriff der Hamas auf Israel am 7. Oktober 2023 treibt er die Spirale aus Gewalt, Rache und Terror mit neuer Wucht weiter. Der Teufelskreis der Gewalt begann bereits in den 1930er-Jahren und wurde mit der Staatsgründung Israels und mehreren Kriegen immer weiter eskaliert. Der Krieg zeigt, welche Destruktivkräfte in national-identitären Konflikten freigesetzt werden können, wenn dafür keine gerechten, an nachhaltiger Befriedung orientierten Lösungen gefunden werden.

In allen Fällen ergeben sich aus dem Spannungsverhältnis zwischen Selbstbestimmungsrecht, Souveränität und Unverletzlichkeit der Grenzen schwierige völkerrechtliche und politische Fragen. Dementsprechend sind gegensätzliche Auslegungen anzutreffen, die hier nicht erörtert werden können. Da aber, wie im vorherigen Kapitel dargelegt, eine oberste Autorität im Internationalen System fehlt, bestimmen letztlich auch dabei die machtpolitischen Kräfteverhältnisse, welche Sichtweise sich wo durchsetzt. Oder, wie es in einer alten Sponti-Parole heißt: *legal, illegal, scheißegal*. Das gilt auch für Konflikte zwischen nicht so großen Mächten, wie man an der oben vorgenommenen Aufzählung sehen kann.

In dieser Logik unterstützten die USA und der Westen von Anfang an das militärische Vorgehen Kiews gegen den Donbass. Würde China das gegenüber Taiwan tun, wäre es wohl ein Kriegsgrund für die USA, obwohl es sich völkerrechtlich um die gleiche Konstellation handelt. Das ist auch ein Problem zwischen Peking und Moskau, denn analog zum chinesischen Rechtsstandpunkt gegenüber Taiwan war das Vorgehen Kiews gegen den Donbass legal. Dagegen hat Washington 2020 die Annexion der Westsahara durch Marokko anerkannt – im Widerspruch zur völkerrechtlichen Beschlusslage in der UNO.

Die Internationalisierung des innerukrainischen Konflikts

So dramatisch sich die innerukrainischen Probleme auch entwickelten, ihre weltpolitische Brisanz entstand erst mit der Internationalisierung des Konflikts. Und die begann lange vor dem Euro-Maidan. So hatten im März 2007 Brüssel und Kiew Verhandlungen über ein Assoziierungsabkommen aufgenommen, ein Jahr vor dem Bukarester NATO-Gipfel, der die Tür zur Aufnahme der Ukraine und Georgiens öffnete. Der Assoziierungsvertrag war sehr weitgehend und sah die Kappung vitaler Wirtschaftsbeziehungen vor, die jahrhundertelang zwischen Russland und der Ukraine als Verwaltungseinheiten innerhalb eines gemeinsamen Staates entstanden waren. Er bedeutete eine wirtschaftliche Schädigung Russlands, zumal Versuche Moskaus, über eine einvernehmliche Regelung unter Berücksichtigung russischer Interessen von Brüssel ignoriert wurden. So sagte aus Insider-Sicht der damalige EU-Erweiterungskommissar, Günter Verheugen: »Noch im Jahr 2010 wollte Russland trilaterale Projekte – EU, Russland, Länder der östlichen Partnerschaft – realisieren. Es gab also ganz klar Chancen einer konstruktiven Einbindung Russlands in eine Partnerschaft, die aber leider nicht genutzt wurden.«[64]

Der Assoziierungsvertrag geriet sehr bald in Turbulenzen. Es kam zu einem Auf und Ab in den Verhandlungen, das Ende 2013 in einer Absage des Vertrags durch Janukowitsch endete. Das wiederum löste den Euro-Maidan aus. Die Rolle der EU wurde dabei durch Besuche der Außenbeauftragten der EU, Catherine Ashton, des deutschen Außenministers Guido Westerwelle und vieler anderer Politiker aus dem Westen demonstrativ herausgestellt. Um die Bedeutung dessen zu verstehen, muss man sich vorstellen, auf einer Kundgebung gegen die Bundesregierung am Brandenburger Tor würde der russische Außenminister Sergej Lawrow oder sein chinesischer Kollege reden!

---

[64] Günter Verheugen, Interview in Neues Deutschland, 3.4.2022. www.nd-aktuell.de/artikel/1162663.eu-russland-konflikt-wir-muessen-bereit-sein-russland-wieder-die-hand-zu-reichen.html.

Allerdings hatte das Engagement der EU noch eine andere Dimension: Konkurrenz mit den USA. Während die EU versuchte, das Heft in der Krise in die Hand zu nehmen, wie die Vereinbarung vom 21. Februar zeigt, machte Washington ihr diese Rolle streitig. So sollte der damalige Vizepräsident, Joe Biden anstelle der deutschen und französischen Seite als Vermittler ins Spiel gebracht werden. Auch für die – damals noch hypothetische – Nachfolge Janukowitschs wollte Washington nicht den Favoriten der EU, Vitali Klitschko. In einem geleakten Telefonat der außenpolitischen Beraterin Obamas, Victoria Nuland, mit dem damaligen US-Botschafter in Kiew, sagte die Dame: »Ich glaube, er sollte der Regierung nicht angehören. Es ist nicht notwendig, und es ist keine gute Idee.« Ihre berühmte Bemerkung »Fuck the EU!«[65] ging dann nicht nur viral, sondern auch praktisch in Erfüllung.

Die USA gaben fortan im Westen den Takt in der Ukraine-Politik vor. Auch Verheugen bestätigt, »dass die EU mehr und mehr der US-amerikanischen Linie folgte. Und Washington meinte, es komme darauf an, langfristig Russland so zu schwächen, dass es nicht wieder zum Rivalen werden kann.«[66]

Auf der Gegenseite war Russland mit wachsendem Engagement in den Konflikt eingestiegen. Zunächst stand der Assoziierungsvertrag dem Moskauer Interesse an der Anbindung der Ukraine an die Eurasische Wirtschaftsunion entgegen. Daher wurde versucht, über eine Mischung aus Druck und Lockangeboten Kiew zur Ablehnung des Assoziierungsvertrags zu bewegen, was zunächst auch gelang. Allerdings löste das den Euro-Maidan aus und führte zum Sturz Janukowitschs. In der darauffolgenden Krim-Krise führte Moskau von Anfang an Regie. Im Zentrum stand dabei das russische Interesse, den Flottenstützpunkt in Sewastopol nicht in die Hände der NATO fallen zu lassen. Ein Blick auf die Landkarte zeigt, dass der Hafen der Schlüssel zur militärischen Kontrolle des nördlichen Schwarzen Meeres ist. Hier verbinden sich mit umge-

---

[65] Spiegel-Online, 6.2.2014. www.spiegel.de/politik/ausland/diplomatischer-fauxpas-von-obama-beraterin-nuland-fuck-the-eu-a-952005.html.

[66] Verheugen, a.a.O.

kehrten Vorzeichen zu den US-Interessen die geopolitischen Interessen Russlands mit dem innerukrainischen Konflikt.

Als dann mit Amtsantritt der Biden-Administration der Versuch zur Restauration der US-Hegemonie einsetzte, wurde das in Moskau als Zunahme der Bedrohung für den eigenen Status wahrgenommen. Nachdem die Versuche Ende 2021, mit einem Abkommen mit den USA die Neutralität der Ukraine zu erreichen, von Washington abgelehnt worden waren, griff der Kreml dann am 14. Februar 2022 zum Mittel des militärischen Angriffs auf die Ukraine und löste damit die bisher stärkste und dramatischste Stufe der Eskalation aus.

Zusammenfassend kann man an dieser Stelle festhalten, dass die tieferen Ursachen des Krieges eine explosive Mischung sind:

- aus tief verwurzelten Konflikten in der Gesellschaft der Ukraine zwischen westukrainisch/galizischen und russisch-affinen Bevölkerungsgruppen und
- aus deren internationalen Dimensionen im Kontext des geopolitischen Konflikts zwischen Russland und dem Westen.

Beide Aspekte waren schon früh, beginnend mit der EU-Assoziierung und dem Angebot der NATO-Mitgliedschaft, miteinander verbunden. Mit dem Euro-Maidan kam eine neue Qualität der Eskalation zustande, die mit der Abtrennung der Krim und dem Krieg niedriger Intensität im Donbass sich immer schneller und schwindelerregend drehte, bis es mit dem russischen Einmarsch 2022 dann zu einer noch dramatischeren Eskalation kam. Mit anderen Worten: Die Situation in und um die Ukraine war schon lange ein immer größer werdendes Pulverfass, an dem von mehreren Seiten Lunten gelegt worden waren.

5. Affekte, Moral und Kriegsschuld

Militärische Gewaltanwendung ist eine extreme Grenzüberschreitung. Es ist daher völlig normal und verständlich, dass sie heftigste Affekte hervorruft, darunter nicht nur Mitgefühl mit den Opfern, sondern auch gesteigerte Aggressionsbereitschaft, Kriegsbegeisterung, Hass und Rachegefühle. Das ist menschlich verständlich und gilt auch für Linke. Erinnert sei an den im zweiten Kapitel zitierten Sigmund Freud, dessen »ganze Libido« zu Beginn des Ersten Weltkriegs der k. u. k. Monarchie gehörte.

Aber emanzipatorische Friedenspolitik kann nicht auf Wut und Empörung gründen. Hass und Rache rufen wiederum Hass und Rache hervor und schaukeln sich so wechselseitig immer höher. Und Hass macht blind. Das geflügelte Wort aus Schillers Wallenstein »*Der Krieg ernährt den Krieg*« gilt gerade auch für seine emotionale Seite. Hinzu kommt, dass all diese negativen Emotionen von kriegstreiberischen Interessen und Profiteuren des Militarismus skrupellos instrumentalisiert werden – meist schon vor dem Krieg, wenn Feindbilder über Jahre hinweg aufgebaut werden und der Gegner entmenschlicht und dämonisiert wird.

Demgegenüber kommt es darauf an, dass ein nüchterner, rationaler, analytischer Umgang mit Krieg nicht von überschäumenden Affekten erstickt wird. Schon Antonio Gramsci hat sich mit dem Problem herumgeschlagen. Für ihn ist es generell Aufgabe linker Politik, vom »Fühlen zum Verstehen, zum Wissen« zu gelangen, um handlungsfähig zu werden.[67] Unter den Bedingungen der Vernichtungskraft moderner Militärtechnik und der atomaren Bedrohung hat diese Maxime eine neue Qualität gewonnen. Krieg und Frieden sind eine zu ernste Sache, als dass sie Affekten überlassen werden dürften.

---

[67] Antonio Gramsci, Gefängnishefte, Band 6, H. 11, § 67, herausgegeben von Klaus Bochmann und Wolfgang Fritz Haug. Hamburg 1999.

Viele Linke würden für sich freilich immer beanspruchen, frei von Affekten zu sein. Wer etwas anderes behauptet, erntet schnell ein empörtes (!) *Ich-lass-mich-nicht-psychiatrisieren!* Als Erben des Rationalismus und der Aufklärung glauben sie, ihre Weltsicht sei lupenrein rational. Allerdings gehört zu einem rationalen Bild vom Menschen eben auch die Einsicht, dass Vernunft und Gefühl weder im Homo sapiens noch in Gesellschaft und Politik völlig unabhängig voneinander existieren. Die strikte Trennung von beidem ist ihrerseits ein rationalistisches Missverständnis, wobei die Betonung auf strikt liegt. Denn selbstverständlich ist die dialektische Unterscheidung zwischen Vernunft und Gefühl wesentlich für die kritische Erkenntnis der Wirklichkeit.

Die praktische Konsequenz für unser Thema besteht darin, bei einem so enorm affektgeladenen Thema wie Krieg sich selbst immer wieder zu fragen, was ist Gefühl und was ist Vernunft in meinen Argumenten. Andernfalls riskiert man, in einer Moralfalle[68] zu landen, d.h. in der Rationalisierung von Affekten in Form moralischer Prinzipien. Selbst Jürgen Habermas, gewiss kein Russlandfreund, beklagt vor diesem Hintergrund »die Selbstgewissheit, mit der in Deutschland die moralisch entrüsteten Ankläger« gegen Diplomatie und Verhandlungen auftreten (Süddeutsche Zeitung, 29.4. 2022, S. 12).

Moral und Doppelmoral

»Wer in der augenblicklichen Situation nicht bereit ist, diese Waffen in die Ukraine abzugeben, ist moralisch ein Lump«, so Herfried Münkler, Politologe und ehemaliger Berater der Bundesregierung, in der Kontroverse um Waffenlieferungen an Kiew.[69] Die Ablehnung von Waffenlieferungen gemäß der alten Losung der Friedensbewegung *Frieden schaffen ohne Waffen!* wäre demnach unmoralisch.

---

[68] So der Titel des sehr lesenswerten Buches von Bernd Stegemann, Die Moralfalle. Für eine Befreiung linker Politik. Berlin 2018.

[69] Interview im WDR, 15.4.2022. www1.wdr.de/nachrichten/interview-deutsche-waffenlieferungen-ukraine-100.html.

Um Missverständnissen vorzubeugen: Es geht hier nicht darum, Moral prinzipiell infrage zu stellen. Als normative Orientierung, als Kompass für die Richtung, in die politische Praxis entwickelt wird, ist sie nicht nur legitim, sondern unabdingbar. Insofern ist Moral eine notwendige, aber keine hinreichende Bedingung, um die Welt zu verstehen und zu gestalten. In unserem Kontext ist z.B. das Friedensgebot der UN-Charta eine solche Norm, sowie die Verpflichtung, wenn es zum Krieg gekommen ist, diesen so schnell wie möglich durch »friedliche Beilegung des Konfliktes zwischen der Russischen Föderation und der Ukraine durch politischen Dialog, Verhandlungen, Vermittlung und andere friedliche Mittel« zu beenden, wie es in der Resolution der UNO-Vollversammlung vom März 2022 heißt, in der 143 Mitgliedsstaaten den russischen Einmarsch verurteilen.

Demgegenüber hat der ukrainische Präsident per Dekret ausdrücklich Verhandlungen mit Moskau verboten, und sein Außenminister hat im August 2023 bekräftigt »alles [zu] tun, um diese Stimmen zum Schweigen zu bringen«.[70] Moralisch begründet wird das mit »der Angreifer darf nicht belohnt werden«. Demnach würden sich alle, die für Verhandlungen plädieren, »bestenfalls lächerlich« machen und »im schlimmsten Fall helfen sie der falschen Seite«.[71] Oder sie frönen einer »linksreaktionäre[n] ›Friedensliebe‹ die letztlich in der Kapitulation vor der russischen Expansionspolitik mündet«, so Klaus Lederer von der Berliner Linkspartei (taz 23.6.2022).

Noch viel massiver wird von Israel die Forderung nach Waffenruhe und Schutz der Zivilbevölkerung in Gaza abgelehnt, gedeckt von den USA und in deren Kielwasser auch von anderen westlichen Ländern, darunter Deutschland. Auch hier ein Triumph der Verengung des Denkens auf das Militärische.

---

[70] Interview mit Dmytro Kuleba, 13.8.2023, Voice of Europe. www.voiceofeurope.com/we-will-do-everything-to-silence-the-voices-for-peaceful-negotiations-with-russia-ukrainian-foreign-minister-kuleba-stated-that-ukraine-is-facing-a-difficult-autumn-due-to-the-call-to-initiate-ne/.

[71] So Ludger Volmer in der Berliner Zeitung, 15.3.2023.

Demgegenüber argumentieren die Befürworter eines Verhandlungsfriedens ihrerseits moralisch, wenn sie auf die Opfer eines fortgesetzten Krieges verweisen. Offenbar haben wir es hier mit einer Kollision verschiedener moralischer Prinzipien zu tun. Solche Widersprüche tauchen in entsprechenden Diskussionen sehr häufig auf, und die Morallehre, die Ethik, kennt unzählige Beispiele dafür. Es gibt nicht die eine und einzige Moral. In den meisten Konflikten stehen Zielkonflikte zwischen unterschiedlichen moralischen Werten, wobei dann aber die eine Seite der anderen gern Unmoral unterstellt.

Der letztlich entscheidende Grund für das Auftreten moralischer Dilemmata liegt in der Struktur moralischen Denkens, das mit zwei grundlegenden Parametern arbeitet: gut und böse, wir und die anderen, richtig und falsch, schwarz und weiß.

So primitiv das klingt, einflussreiche Politiker scheuen sich nicht, so zu reden, etwa wenn ein britischer Außenminister ankündigt, »dass das Vereinigte Königreich eine noch stärkere Kraft für das Gute in der Welt wird«.[72] In einem Vortrag des polnischen Regierungschefs hieß es: »Europa muss eine Kathedrale des Guten und eine Universität der Wahrheit sein«,[73] und die ehemalige UN-Botschafterin der USA, Nikki Haley, meinte im August 2023 bei einer öffentlichen Veranstaltung zum Ukraine-Krieg: »Es geht um den Unterschied zwischen Gut und Böse.«[74] Da die Realität aber komplexer und eher grau in Grau ist, als dass sie sich auf ein bipolares Schema reduzieren ließe, produziert der nur moralische Blick auf die Wirklichkeit ständig Widersprüche.

Moral hat für ihre User aber durchaus Vorteile, denn sie vereinfacht die Dinge sehr. Moral analysiert nicht, sondern urteilt und verurteilt. Verwickelte Probleme, deren Verständnis und Lösung eine gewisse intellektuelle Anstrengung und Differenzierungsvermögen erfordern, erscheinen dann plötzlich ganz einfach. Eine

---

[72] Statement im Unterhaus, 6.7.2020.

[73] Rede Morawieckis an der Universität Heidelberg, 20.3.2023.

[74] www.telepolis.de/features/Republikaner-Debatte-Blutbad-ueber-die-Ukraine-und-was-ist-mit-China-9283499.html.

Analyse der strukturellen und historischen Zusammenhänge, aus denen heraus der Krieg entstand – eigentlich eine Selbstverständlichkeit für gesellschaftskritisches Denken – ist dann überflüssig.

Auf unübertreffliche Weise hat Mathias Döpfner, Vorstandsvorsitzender des Axel-Springer-Konzerns, diese Art von Moral formuliert. »Und es gibt eine Floskel, die ich nicht mehr ertragen kann: ›Ja, aber‹. Ja, die Angriffe der Hamas sind furchtbar, aber irgendwie muss man auch Verständnis für die andere Seite haben. Was denn aber? Es gibt da kein Aber. Es kann da kein Verständnis geben.«[75] Hier wird Moral zur Waffe gegen Denken und Verstehen überhaupt, es zählen nur noch Gefühle, die man ertragen kann – oder nicht. Das ist Obskurantismus pur und die Liquidierung von Aufklärung und Rationalität.

Moral hat einen weiteren Vorteil: Sie gibt ihren Vertretern Urteilssicherheit vor schwierigen Fragen und verleiht zugleich ein Gefühl der Überlegenheit – die sprichwörtliche moralische Überlegenheit. Wer sich auf Moral beruft, hat das angenehme Gefühl der Unangreifbarkeit, und wer dieser Moral nicht folgt, wird abgewertet als »moralischer Lump« oder auch – was noch schwerer wiegt – als »Antisemit«.

Dabei kommt noch ein anderes, nicht nur beim Streit um Krieg und Frieden sehr beliebtes Verfahren zur Anwendung: die Transformation von ursprünglich sinnvollen Begriffen zu Kampfbegriffen. In früheren Zeiten begnügte man sich mit allgemein verständlichen Kennzeichnungen wie *Barbar*, *Ungläubiger, Hexe, Ketzer, Jude* oder *Untermensch*, um Einzelne oder Gruppen zu stigmatisieren und aus der Gesellschaft auszugrenzen. Heute wird im Zuge der Popularisierung sozialwissenschaftlicher Erkenntnisse gern auf seriöse Begriffe zurückgegriffen.

Man kann das gut am Beispiel des *Antisemitismus* demonstrieren. War damit einmal sinnvollerweise der ressentimentgeladene Hass auf alles gemeint, was der Antisemit für jüdisch hielt, so ist der Begriff inzwischen zu einem Kampfbegriff verkommen. Wer wurde nicht schon als Antisemit markiert! Goethe, Schiller

---

[75] Bild am Sonntag; 29.10.2023; S. 6

(siehe FAZ, 15.2.2019, S. 10), Barack Obama, der Europäische Gerichtshof, die Befürworter einer Finanztransaktionssteuer, die UNO schon seit Jahren und jüngst erst wieder, als sie eine humanitäre Waffenruhe für Gaza verlangte. Sogar den Corona-Beauftragten der israelischen Regierung hat es erwischt (siehe FAZ, 15.9.2020, S. 3).

Der Trick besteht in der Übertragung des klassischen Judenhasses auf den Hass gegen Israel. Im Englischen spricht man von »definition creeping«, das schleichende Übergreifen von Definitionen auf neue Sachverhalte.

Hass auf Israel gibt es millionenfach unter Muslimen. Selbstverständlich ist Hass ein Erzübel und darf nicht zum Treiber von Politik werden. Aber es gibt nun einmal einen kategorialen Unterschied zwischen dem Hass auf Juden im historischen Antisemitismus Europas und dem Hass auf Israel in der arabischen Welt: Der »klassische« Antisemitismus richtete sich gegen eine schwache, wehrlose Minderheit, gegen die abstruse Beschuldigungen erhoben wurden, wie dass sie Christenkinder töten und deren Blut trinken, oder Brunnen vergiften. Ab dem 19. Jahrhundert wurde die Verschwörungstheorie vom »Finanzjudentum« erfunden, das nach Weltherrschaft streben würde. Die Diskriminierung von wehrlosen Minderheiten durch Mehrheiten und/oder eine Staatsmacht gilt als moralisch besonders verwerflich – zu Recht.

Demgegenüber richtet sich der Hass auf Israel gegen den keineswegs wehrlosen, sondern militärisch stärksten Staat in der Region, der zudem über die Atombombe verfügt. Der Leiter der Gedenkstätte Yad Vashem, Dani Dayan, hat mit seiner Kritik am Missbrauch des Judensterns durch den israelischen UN-Botschafter im Sicherheitsrat[76] darauf aufmerksam gemacht: »Das gelbe Abzeichen symbolisiert die Hilflosigkeit des jüdischen Volkes und das Ausgeliefertsein der Juden an andere. Heute haben wir einen unabhängigen Staat und eine starke Armee. Wir sind Meister un-

[76] Der Botschafter hatte sich in der Sicherheitsratssitzung einen gelben Judenstern, wie die Nazis ihn einsetzten, angeheftet.

seres Schicksals.«[77] Auch beruht der Hass auf Israel nicht auf absurden Verschwörungstheorien, sondern wird von ganz realen Menschenrechts- und Völkerrechtsverletzungen und millionenfachem Leid der Opfer genährt.

Der Hass gegen Israel ist in seinem Kern der Hass, der zwischen Kriegsparteien leider üblich ist und meist auch gezielt geschürt wird. Es gibt ihn mit umgekehrten Vorzeichen auch in Israel. Nicht anders ist es in der Ukraine, wo es massiven Hass auf Russland gibt, der auch immer wieder in Äußerungen der politischen Führung zum Ausdruck kommt. So zitiert das Nachrichtenportal von Microsoft den ukrainischen Sicherheitschef Danilow mit den Worten: »Sie [die Russen] müssen vernichtet werden«, und Verhandlungen »mit diesen Barbaren« sind nicht möglich, denn Hitler und Putin »sind siamesische Zwillinge«.[78] Solche Hasstiraden, wie sie massenhaft zu finden sind, werden dann von Regierungen und Medien auf allen Seiten als Ressource der Kriegsführung instrumentalisiert, um eine spezielle Art von Moral zu stärken: die »Kampfmoral«.

In der deutschen Debatte kommt hinzu, dass im Schatten von Auschwitz der Vorwurf des Antisemitismus an moralischer Wucht kaum zu übertreffen ist. Indem die Bundesregierung und ein Großteil der staatstragenden Medien sich die uferlose Ausweitung des Antisemitismusvorwurfs zu eigen machen, versuchen sie die israelische Kriegführung und deren Unterstützung »ohne Wenn und Aber« gegen Kritik zu immunisieren und die Kritiker von vorneherein moralisch zu disqualifizieren.

Das Bündel außergewöhnlicher Krisen, die viele Gesellschaften gegenwärtig erschüttern, führt allenthalben zu Überforderung, Verunsicherung und Orientierungslosigkeit. Hier liegt ein Grund dafür, dass das moralische Urteilen Hochkonjunktur hat und da-

---

77 ntv online, 31.10.2023. www.n-tv.de/politik/Yad-Vashem-Vorsitzender-erbost-ueber-aufgeklebten-Judenstern-article24499590.html.

78 MSN 1.12.2022. www.msn.com/de-de/nachrichten/politik/die-ukraine-fordert-die-zerstörung-russlands-um-es-an-der-verfolgung-seiner-kolonialen-ziele-zu-hindern/ar-AA14MylK.

mit zugleich die Polarisierung in der Gesellschaft und die damit verbundenen Erosionserscheinungen demokratischer Kultur vorantreibt. Mit den Kriegen ist jetzt noch ein besonders affektgeladenes Thema dazu gekommen.

Der Tod der anderen

Moral hat aber auch einen großen Nachteil: Sie ist unteilbar. Wer selber immer mal wieder andere Länder überfällt, wird moralisch unglaubwürdig, wenn er das Böse nur bei den anderen sieht. Aus Moral wird dann Doppelmoral.[79] Das gilt auch für die Ukraine, die 2003 mit 1.600 Soldaten das sechstgrößte Truppenkontingent (von 36) in George W. Bushs Koalition der Willigen im Irak-Krieg stellte. Im Sound der moralischen Beurteilung des aktuellen Krieges könnte man das »einen verbrecherischen menschenverachtenden Überfall« nennen.

Allerdings trifft der Vorwurf der Doppelmoral in der Regel nicht jene Linken, die sich heute für Waffenlieferungen und einen ukrainischen Siegfrieden aussprechen. Die meisten von ihnen lehnten die Kriege des Westens in Jugoslawien, im Irak, in Libyen und anderswo ab. Dennoch stellen sich auch für sie moralische Probleme:

- Ist es moralisch vertretbar, auf unkalkulierbare Zeit eine unkalkulierbare Zahl von Menschen in den Tod zu schicken, um die offiziellen Kriegsziele Kiews oder auch nur eine günstige Verhandlungsposition zu erreichen, die zudem von Tag zu Tag unwahrscheinlicher wird? Ist es moralisch legitim, den Tod der anderen, von dem Anführer, Könige, Herrschende schon immer meinten, dass sie das Recht hätten, ihn einfordern zu können, für moralisch zu halten?
- Der Absolutheitsanspruch von Moral ist ein Hindernis für Kompromiss und Diplomatie. Werte sind der Moral unantastbar. Sie empfindet es als Kapitulantentum, von Maximalzielen abzurücken, Zugeständnisse zu machen und Kompromisse zu suchen – alles Tugenden, für die die Demokratie zu Recht gerühmt wird.

---

[79] Zur Doppelmoral des Westens siehe ausführlich: Kai Ambos, Doppelmoral. Der Westen und die Ukraine. Frankfurt a. M. 2022.

Moral wird dann zur *Kampfmoral* an der Front oder der *Moral an der Heimatfront*, für deren Aufrechterhaltung jedes Mittel recht ist.

Kriegsschuld und Kriegsursachen

In der Diskussion um den Ukraine-Krieg ist sowohl im Narrativ des herrschenden Blocks wie auch beim linken Bellizismus Dreh- und Angelpunkt die Frage, wer den ersten Schuss abgegeben hat. Da unbestreitbar feststeht, dass Russland am 24. Februar 2022 in die Ukraine einmarschiert ist, erscheint das als unschlagbares Argument und Legitimationsgrundlage für die einzige Variante, den Krieg zu beenden: der militärische Sieg Kiews. Die Schuld am Krieg wird exklusiv Russland zugewiesen. Das erscheint gerade in Deutschland vielen plausibel, da hier das Verständnis von Krieg stark vom Zweiten Weltkrieg geprägt ist, der zu den eher seltenen Fällen gehört, in der die Kriegsschuldfrage eindeutig beantwortet werden kann.

Allerdings ist schon beim Ersten Weltkrieg die Kriegsschuldfrage kompliziert. Die linken Analysen jener Zeit sprechen weniger von Kriegsschuld als vielmehr von Kriegsursachen. »Auf seinen objektiven historischen Sinn reduziert, ist der heutige Weltkrieg als Ganzes ein Konkurrenzkampf des bereits zur vollen Blüte entfalteten Kapitalismus um die Weltherrschaft, um die Ausbeutung der letzten Reste der nichtkapitalistischen Weltzonen«, schrieb Rosa Luxemburg 2016.[80]

Es geht also um den Umbruch des imperialistischen Weltsystems durch den Aufstieg des Wilhelminischen Deutschlands nach 1871 und die daraus resultierenden Rivalitäten und Konflikte zwischen den Großmächten, die den strukturellen Rahmen des Krieges bilden. Auch hier gilt natürlich, dass die Entstehung von Kriegen kein Automatismus ist. Die handelnden Akteure haben zu jedem Zeitpunkt die Möglichkeit, sich anders zu entscheiden. Das gilt damals so wie heute. Insofern muss ein strukturalistischer Blick

---

[80] Rosa Luxemburg, Die Krise der Sozialdemokratie (Die »Junius« Broschüre); www.marxists.org/deutsch/archiv/luxemburg/1916/junius/teil8.htm.

auf Krieg und Kriegsursachen immer verbunden werden mit der konkreten Analyse der konkreten Situation.

Das lässt sich gut an einem Streit zwischen Historikern in den 1960er-Jahren demonstrieren, die sogenannte Fischer-Kontroverse. Fritz Fischer, einer der bedeutendsten deutschen Historiker der Nachkriegszeit, hatte sich gegen die verbreitete Auffassung vom »Hineinschlittern« (Lloyd George)[81] in den Krieg gewandt, indem er die Rolle der preußischen Eliten, ihres Militarismus und ihre besondere Aggressivität und Selbstüberschätzung betonte. Aber auch er sprach vom »deutschen Anteil an der Auslösung des Ersten Weltkrieges« – also nicht von einer Alleinschuld,[82] wie sie in Artikel 231 des Versailler Friedensvertrags fixiert worden war.

Noch vertrackter wird die Kriegsschuldfrage beim Deutsch-Französischen Krieg 1870/71, der zur Gründung des deutschen Nationalstaats führte: Am 19. Juli 1870 erklärte Frankreich den Krieg. Die ersten Kampfhandlungen begannen am 2. August mit der Eroberung Saarbrückens durch französische Truppen. Da scheint völlig klar, wer der Angreifer war. Tatsächlich aber ist die Geschichtsschreibung sich heute weitgehend einig, dass dieser Krieg von Bismarck trickreich provoziert worden war, um ihn als Katalysator für die Gründung des preußisch-deutschen Nationalstaates zu instrumentalisieren. Diesem Zweck hatten schon die davor liegenden sogenannten Einigungskriege gedient, 1864 der preußisch-dänische und 1866 der preußisch-österreichische Krieg.

Der Verweis auf diese Kriege bedeutet nicht, den Ukraine-Krieg damit gleichzusetzen. Vielmehr geht es darum, zu zeigen, dass Kriegsschuld und Kriegsursachen zwei verschiedene Dinge sein können. Der Begriff der Schuld kommt aus der Sphäre der Religion (»Herr vergib uns unsere Schuld, wie wir vergeben unseren Schuldigern«), der Moral und des Rechts, wo ein Richter einen

---

[81] Britischer Ministerpräsident 1916–1922. Ähnlich der Titel eines Buches von Christopher Clark, »Die Schlafwandler«, das anlässlich des 100. Jahrestags des Kriegsbeginns Karriere machte.

[82] Fritz Fischer, Griff nach der Weltmacht. Die Kriegszielpolitik des kaiserlichen Deutschland 1914/18. Düsseldorf 1961 (Neuauflage 2003), S. 11.

Schuldspruch fällt, mit dem der Täter bestraft wird und dem Opfer Gerechtigkeit widerfährt. Wie aber im Kapitel über Geopolitik bereits dargelegt, funktioniert die Regelung von Konflikt und Gewalt im internationalen System nicht so wie innerhalb von Gesellschaften.

Georgienkrieg und die Relativierung der Kriegsschuld

Der Unterschied zwischen Kriegsschuld und Kriegsursachen wird auch an einem jüngeren Beispiel deutlich, dem Krieg zwischen Russland und Georgien 2008. Nachdem beim Bukarester NATO-Gipfel im April 2008 die Aufnahme der Ukraine und Georgiens beschlossen worden war – wenn auch ohne konkretes Datum –, fühlte sich der damalige georgische Präsident Saakaschwili ermutigt, die Provinz Süd-Ossetien mit militärischer Gewalt zurückzuerobern.

Süd-Ossetien ist wie Taiwan, der Kosovo oder der Donbass ein Territorium, das sich von dem Land, zu dem es völkerrechtlich gehört, zu trennen versucht. Im Zuge des Zerfalls der Sowjetunion hatten seine Bewohner für sich das gleiche Recht auf Selbstbestimmung in Anspruch genommen wie 1992 die Ukraine und all die anderen postsowjetischen Staaten. Der Konflikt wurde damals zunächst einvernehmlich eingefroren.

Als der Krieg 2008 begann, war Dmitrij Medwedjew russischer Präsident. Putin war Premierminister und befand sich bei Kriegsausbruch bei den Olympischen Spielen in Peking. Der damalige französische Präsident Nicolas Sarkozy reiste als Vermittler – Paris hatte zufällig die EU-Ratspräsidentschaft – nach Moskau und erreichte einen Waffenstillstand und den Rückzug der russischen Truppen, die bereits weit auf die georgische Hauptstadt Tiflis vorgestoßen waren. Selbst wenn die EU dabei vor allem das Interesse hatte, Georgien vor einer totalen Niederlage zu bewahren, so zeigt der Fall, dass man mit Moskau durchaus verhandeln kann.

Interessanterweise hat die EU eine Untersuchungskommission zur Aufarbeitung des Krieges eingesetzt. In ihrem Report[83] stellt

---

[83] Independent International Fact-Finding Mission on the Conflict in Georgia. Volume I, II, III. September 2998. Europäische Union Dokument #1127058;

die Kommission fest, dass der Angreifer Georgien war: »In der Nacht vom 7. zum 8. August traf ein lang anhaltender Artillerieangriff die Stadt Tskhinvali.[84] Auch fanden Vorstöße der georgischen Streitkräfte gegen Tskhinvali statt.« (S. 10) Am interessantesten aber ist die Analyse der Kriegsursachen: »Der Beschuss von Tskhinvali durch die georgischen Streitkräfte in der Nacht vom 7. zum 8. August 2008 markierte den Beginn eines bewaffneten Konflikts großen Ausmaßes in Georgien, dennoch war er nur der Höhepunkt einer langen Periode wachsender Spannungen, Provokationen und Zwischenfälle. Tatsächlich hat der Konflikt tiefe Wurzeln in der Geschichte der Region, in den nationalen Traditionen der Bevölkerungen und deren Bestrebungen als auch in sehr alten wechselseitigen Wahrnehmungen oder besser Fehlwahrnehmungen, die niemals bearbeitet und manchmal instrumentalisiert wurden.« (S. 10)

Der georgische Angriff wird also eingebettet in historische und strukturelle Zusammenhänge, er wird kontextualisiert. Das Ganze bleibt frei von moralischen Werturteilen. Wertende Begriffe wie Aggressor kommen nicht vor. Der Report vermeidet demonstrativ affektgeladene Formulierungen.

Unabhängig davon, ob jede Einzelheit der Analyse triftig ist, das methodische Herangehen versucht die Anatomie des Konflikts zu verstehen – man könnte die Autoren daher auch als *Saakaschwili-Versteher* bezeichnen.[85] Nach gleicher Logik könnte man sagen: Der Einmarsch der russischen Streitkräfte in die Ukraine am 24.2.2022 markierte den Beginn eines bewaffneten Konflikts großen Ausmaßes in der Ukraine, dennoch war er nur der

---

www.ecoi.net/en/file/local/1127058/1930_1291912839_iiffmcg-volume-i.pdf.

[84] Tskhinvali ist die Hauptstadt Süd-Ossetiens.

[85] Saakaschwili wurde später wegen Korruption und Amtsmissbrauch in Georgien angeklagt, floh zuerst in die USA, wurde 2015 auf US-Empfehlung Berater des damaligen ukrainischen Präsidenten Poroschenko, erhielt die ukrainische Staatsbürgerschaft, und wurde Gouverneur von Odessa. Er überwarf sich bald mit Kiew, verlor die ukrainische Staatsbürgerschaft wieder und wurde ausgewiesen. 2021 kehrte er nach Georgien zurück, wo er aufgrund zweier Gerichtsurteile von 2018 eine sechsjährige Gefängnisstrafe absitzt.

Höhepunkt einer langen Periode wachsender Spannungen, Provokationen und Zwischenfälle. Tatsächlich hat der Konflikt tiefe Wurzeln in der Geschichte der Region, in den nationalen Traditionen der Bevölkerungen und deren Bestrebungen, als auch in sehr alten wechselseitigen Wahrnehmungen oder besser Fehlwahrnehmungen, die niemals bearbeitet und manchmal instrumentalisiert wurden.

Aber ist das nicht eine Relativierung des georgischen Angriffs? Ja, das ist es. Aber nur wer glaubt, die Realität dieses und anderer Kriege in Kategorien von Absolutheit erfassen zu können, wird das als Problem empfinden. Das Absolute ist das Terrain von Religion, Affekt, Moral, Ideologie und Propaganda. Mit der Schrumpfung der Schuldfrage im Ukraine-Krieg auf den 24. Februar 2022 wird jeder historische und strukturelle Zusammenhang des Krieges gekappt. Der russische Einmarsch wird zum singulären One-Off-Event, von dem monokausal der weitere Gang der Geschichte abgeleitet wird. So als ob es nicht zu jedem Zeitpunkt Alternativen zur Fortsetzung des Krieges gegeben hätte.

Pikanterweise fälscht die EU in ihrem strategischen Kompass vom März 2022 die Erkenntnisse der von ihr selbst bestellten Georgien-Kommission um, indem sie eine militärische Aggression Russlands behauptet.[86]

Das Kohlhaas-Syndrom – Gerechtigkeit, auch wenn die Welt untergeht

Das herrschende Narrativ des Westens und seine linken Anhänger denken den Ukraine-Krieg in seinem historischen Verlauf also von einem Punkt Null aus, dem 24. Februar 2022. Was davor geschah, wird als »Vorgeschichte« abgetan, und was danach folgte, ist eine monokausale Kette, zu der es keine Alternative gab. Tatsächlich hat ein Gestaltwandel des Krieges stattgefunden: Er ist

---

[86] Rat der Europäischen Union, 21.3.2022, Ein Strategischer Kompass für Sicherheit und Verteidigung – Für eine Europäische Union, die ihre Bürgerinnen und Bürger, Werte und Interessen schützt und zu Weltfrieden und internationaler Sicherheit beiträgt, S. 7.

über den bilateralen Konflikt zwischen der Ukraine und Russland hinaus zu einem Stellvertreter- und Weltordnungskrieg zwischen dem Westen und Russland geworden. Das modifiziert auch die moralischen und völkerrechtlichen Koordinaten – die politischen erst recht.

Man kann die Begründung für die Fortsetzung des Krieges daher nicht mehr auf den russischen Einmarsch reduzieren und ihn als einzige Ursache verabsolutieren. *Fiat iustitia et pereat mundus*, so die passende Maxime für eine solche Haltung: Es soll Gerechtigkeit geschehen, und wenn die Welt darüber zugrunde geht.[87]

In sehr eindringlicher Weise hat Heinrich von Kleist in seiner Novelle *Michael Kohlhaas* die Anatomie des Problems dargestellt. Dem Pferdehändler Kohlhaas werden von einem arroganten Junker willkürlich zwei Pferde weggenommen. Seine gerichtliche Klage wird erst lange verschleppt und dann abgewiesen. Weitere Versuche, zu seinem Recht zu kommen, scheitern. Er entwickelt sich dadurch zu einem regelrechten Fanatiker, ruiniert seine Familie und beginnt mit einer Bande einen Rachefeldzug mit Mord und Brandschatzung. Die Novelle endet damit, dass er schließlich doch noch seine zwei Pferde zurückbekommt, gleichzeitig aber für seine Mordbrennerei zum Tode verurteilt wird.

Die Botschaft ist klar: Die anfangs legitime Verfolgung eines moralisch und juristisch legitimen Anspruchs kann in Unmoral und Unrecht umkippen. Für den Ukraine-Krieg heißt das, der gute Zweck, dem Völkerrecht zum Durchbruch zu verhelfen, heiligt keineswegs alle Mittel. Der Preis für die Erreichung des Ziels muss moralisch und rechtlich vertretbar sein. Das ist eine ähnliche Logik wie beim *Grundsatz der Verhältnismäßigkeit* im modernen Rechtsstaat.

Wem das alles zu weit hergeholt scheint, der sei daran erinnert, dass die *Münchener Sicherheitskonferenz* in ihrem *Security Report 2023* eine Umfrage veröffentlicht hat, wonach 89% der Ukrainer sogar nach einem russischen Atomschlag weiterkämpfen

---

[87] Der lateinische Spruch ist seit einem Rechtsstreit im 15. Jahrhundert überliefert.

wollten.[88] Die Zahlen dürften maßlos übertrieben sein, denn die Ukraine bleibt auch im Krieg eine Klassengesellschaft, in der die öffentliche Meinung herrschaftsförmig geprägt ist und Abweichungen vom offiziellen Kriegskurs ebenso unterdrückt werden wie auf der russischen Seite. Dennoch sind sie Indiz dafür, dass die veröffentlichte Meinung des Landes von einem Fanatismus Kohlhaas'scher Manier beherrscht wird.

---

[88] Re:vision. Munich Security Report 2023, S. 60; d3mbhodo1l6ikf.cloudfront.net/2023/Munich%20Security%20Report%202023/MunichSecurityReport2023_Re_vision.pdf.

6. Russland – the Elephant in the Room der Linken

Russland ist ein kapitalistisches Land. Der russische Kapitalismus hat dabei neben Gemeinsamkeiten mit anderen Kapitalismen auch spezifische Züge, die aus seiner Entstehungsgeschichte nach dem Untergang der Sowjetunion herrühren, so z.B. das Oligarchen-Unwesen. So war die Phase der nachholenden ursprünglichen Akkumulation von 1992 bis zu Beginn der Nullerjahre chaotisch und sozial ausgesprochen brutal und wurde erst nach dem Amtsantritt Putins in stabilere Verhältnisse überführt. Auch das politische System hat zunehmend autokratische Formen angenommen (siehe weiter unten).

Insofern gibt es aus einer linken, kapitalismuskritischen Sicht keinen Anlass, besondere Sympathie für das Land zu empfinden. Allerdings gibt es auch keinen Grund für besondere Antipathie. Ganz abgesehen davon, dass Affekte wie Sympathie und Antipathie keine ernst zu nehmenden Kategorien für die Analyse des außenpolitischen Verhaltens einer Großmacht sein sollten. Und schon gar nicht für Linke.

Schon für den Ersten Weltkrieg spielte aber eine stark anti-russische Einstellung unter Linken insofern eine große Rolle, als sie die Bereitschaft förderte, sich in die Politik der Vaterlandsverteidigung einzufügen. Das offizielle Feindbild von einer Bedrohung durch das zaristische Russland schien mit dem linken Bild von Russland kompatibel geworden zu sein, in dem schon zu Zeiten von Marx und Engels die Rückständigkeit der gesellschaftlichen Entwicklung und die reaktionäre Rolle des Zarismus im Europa des Wiener Kongresses höchst kritisch gesehen wurde. Die Bolschewiki teilten diese Kritik. Anders als die SPD und andere Parteien der II. Internationale schwenkten sie nicht auf den Kurs der Vaterlandsverteidigung ein.

Nach der Oktoberrevolution setzte dann eine gegenläufige Entwicklung ein, in der vor allem – aber nicht nur – die kommunistische Linke sich mit dem staatlichen Projekt Sowjetunion, seinem linken Anspruch und seiner Außenpolitik identifizierte. Mit anderen Teilen der Linken führte dies immer wieder zu Spannungen, Konflikten und Spaltungen (siehe Kapitel 2).

Heute beruhen die Einblicke der meisten Linken über das postsowjetische Russland meist auf dem, was man so in der Zeitung liest. Eigenständige, linke Analysen gibt es – von wenigen rühmlichen Ausnahmen abgesehen[89] – nicht. Erst mit dem Euro-Maidan geriet das Land wieder stärker ins Blickfeld. Der Ukraine-Krieg traf die Linke dann entsprechend unvorbereitet. Um ihn in das eigene Weltbild einzuordnen, griffen viele auf den traditionellen linken Imperialismusbegriff zurück. Allerdings eher als Etikett, denn auf Grundlage einer seriösen Analyse.

Imperialismus?

Einer der wenigen, der in der Tradition linker Imperialismustheorien mit Argumenten der politischen Ökonomie arbeitet, ist der ukrainische Marxist Volodimir Ischtschenko. Er erklärt den Krieg aus den Interessen der mit den russischen Oligarchen verbundenen »politischen Kapitalisten, die an einer Expansion interessiert sind, um die Raten ihrer Insiderrenten aufrechtzuerhalten, und dem transnationalen Kapital, das mit den oberen Mittelschichten verbündet ist.«[90] Allerdings bleibt er bei der Formulierung der These stehen. Eine polit-ökonomische Analyse, z.B. der Insiderrenten, wie sie auf ihre Weise Luxemburg, Lenin und andere etwa zur Rolle des Finanzkapitals geleistet haben, nimmt er nicht vor.

---

[89] So Felix Jaitner, RUSSLAND: Ende einer Weltmacht. Vom autoritär-bürokratischen Staatssozialismus mit Ressourcenextraktivismus und Kriegswirtschaft in die Zukunft? Hamburg 2023 [im Erscheinen]; Kai Ehlers, Russland: Aufbruch oder Umbruch? Zwischen alter Macht und neuer Ordnung. Gespräche und Impressionen. Dornach, 2005; Hannes Hofbauer, Feindbild Russland. Geschichte einer Dämonisierung. Wien 2016.

[90] Volodymyr Ischtschenko, Wer kann diesen Krieg wollen? Um Russlands Invasion der Ukraine zu verstehen, muss man die post-sowjetischen Kapitalisten kennen. In: Jacobin Nr. 10/2022, S. 42.

Auch andere von Linken aufgestellte Thesen zu einem russischen Imperialismus können aus der Akkumulationsdynamik des russischen Kapitalismus keine kausalen Zusammenhänge für den Angriff auf die Ukraine nennen. Vermutlich liegt das daran, dass dieser Kapitalismus eine zu lahme Dynamik an den Tag legt, als dass er unter dem Druck stünde, Kapital zu exportieren oder ausländische Märkte zu erobern. Eher scheint etwas an der Formel vom *peripheren Kapitalismus* dran zu sein. Im Klassifikationssystem des IWF firmiert Russland als Schwellenland. Auch Brasilien, Indien u.a. sind Schwellenländer, aus deren Akkumulationsdynamik sich kein territorialer Expansionsdrang ableiten lässt. Wenn sie dennoch, wie im Falle Indiens, scharfe Spannungen zu Nachbarländern haben, wie zu Pakistan und China, dann sind Ursachen dafür Grenzstreitigkeiten, ethnische und religiöse Konflikte, nicht aber Zwänge aus der Kapitalakkumulation. Es ist offensichtlich, dass die Erklärungskraft von Imperialismustheorien linker Provenienz hier an Grenzen stößt.

Auch die oft zutreffende Benennung von einzelnen Schwächen des russischen Kapitalismus, wie der große Stellenwert des Exports fossiler Brennstoffe, geben für Expansionismus nichts her. So schrieben z.B. der Außenbeauftragte der EU, Josep Borrell und sein Ex-Kollege Frans Timmermanns, im April 2021, also lange vor dem Krieg: »Das Ende von Energieimporten [in die EU] wird auch dazu beitragen, die Einkünfte und geopolitische Macht von Ländern wie Russland zu vermindern.«[91] Das wird dann auch auf linker Seite oft übernommen. Dabei hat das Land mit der Vielfalt und der Menge seiner Rohstoffvorräte sehr günstige Zukunftsaussichten, wenn sich die Dekarbonisierung der Energiebasis im globalen Kapitalismus durchsetzt. Denn ob Kupfer, Nickel, Kobalt, Aluminium, Uran etc. – in Sibirien gibt es in Hülle und Fülle, was für Batterien, Elektromotoren u.a. Umwelttechnologien gebraucht wird.

---

[91] Frans Timmermans/Josep Borrell, The Geopolitics of Climate Change. Project Syndicate. 26.4.2021; www.project-syndicate.org/commentary/eu-geopolitics-of-climate-change-by-frans-timmermans-1-and-josep-borrell-2021-04.

Und wenn es, wie im Fall von Lithium, noch zu teuer ist, um in der Taiga Prospektion zu betreiben, schließen *Rosatom* und die chinesische *Citic Guoan Group* in einem Joint Venture im Juni 2023 einen Deal mit Bolivien über 1,4 Mrd. US-Dollar, mit dem das Land bis 2025 rund 100.000 Tonnen Lithiumkarbonat produzieren will.[92]

Niedergangsprognosen für die russische Volkswirtschaft laufen nicht nur bei der Rohstofffrage ins Leere, sondern auch beim Thema erneuerbare Energien. So liegt Russland mit seinem Potenzial an Windenergie mit Abstand weltweit an der Spitze mit 143 Petawatt/h/p.a. (1 Petawatt = 1.000 Terawatt) vor Kanada mit 99, den USA mit 88 und China mit 43.[93] Im Oktober 2021 hat die Regierung ein Entwicklungskonzept für die wasserstoffbasierte Energie verabschiedet und *Gazprom* beauftragt, eine Roadmap zu erstellen.[94] Und da sich der größte Teil der Windenergie an der russischen Pazifik-Küste findet und China mit seinem riesigen Energiebedarf quasi um die Ecke liegt, könnte es sein, dass Russlands Stellung sich mit der Energiewende sogar als noch stärker erweist als im fossilen Zeitalter.

Mit diesen Hinweisen soll nicht der Anspruch erhoben werden, die politische Ökonomie Russlands erfasst zu haben. Es geht lediglich um den Hinweis, dass eine solide Gesamtanalyse der russischen Ökonomie aus linker Perspektive noch auf sich warten lässt. Wenn eine solche Analyse eine expansive Dynamik des russischen Kapitals zeigen kann, ist die Verwendung des Imperia-

---

92 agéncia latinapress, 30.6.2023; latina-press.com/news/313826-bolivien-1-4-milliarden-dollar-lithium-deal-mit-russland-und-china/.

93 Artem Kudelin/Vladimir Kutcherov, Wind Energy in Russia: The current state and development trends. Hrsg. KTH, Institutionen för industriell ekonomi och organisation, Stockholm. 28. Januar 2021; www.sciencedirect.com/science/article/pii/S2211467X21000134.

94 www.gazprom.de/press/news/2021/october/article539914/. Wenn interessierte Leser ihr Recht auf Informationsfreiheit wahrnehmen und das Zitat überprüfen wollen, könnte es sein, dass sie dabei auf die Meldung »Server nicht erreichbar« stoßen. Die Pressemitteilung von GAZPROM (Deutschland) stammt vom Oktober 2021. Inzwischen scheint nicht nur die deutsche Homepage von GAZPROM blockiert zu sein, auch die russische Seite www.gazprom.ru war im September 2023 nicht erreichbar.

lismusbegriffs natürlich angebracht. Aber man sollte sich davor hüten, mangels eigenständiger Expertise die Analysen aus dem Mainstream zu übernehmen, bei denen Wirklichkeit und Wunschdenken schnell in Feindbildklischees verschwimmen.

Imperialist ist immer der Andere

So verhält es sich mit einem Imperialismusbegriff, der mit Kapitalismuskritik nichts am Hut hat. Etwa wenn Olaf Scholz vor der UN-Vollversammlung 2022 zum russischen Einmarsch sagt: »Das ist blanker Imperialismus! Die Rückkehr des Imperialismus ist nicht nur ein Desaster für Europa. Darin liegt ein Desaster auch für unsere globale Friedensordnung, die die Antithese ist zu Imperialismus und Neo-Kolonialismus.«[95] Natürlich kann man sich eines Begriffs von Imperialismus bedienen, der auf das Imperium Romanum und Dschingis Khan genauso passt wie auf das wilhelminische Deutschland und die zeitgenössischen USA.[96] Der Erkenntniswert für einen so definierten russischen Imperialismus ist dann allerdings sehr beschränkt. Zum einen legt er die Dialektik zwischen Außen- und Innenpolitik eines Landes still, um sich einseitig auf interne Treiber zu berufen. Verständlich, denn dann braucht man nicht über NATO-Osterweiterung, strategisches Gleichgewicht, Umbruch der Weltordnung etc. zu reden. Zum anderen folgt daraus, dass »WIR« – in diesem Fall der »Wertewesten« – natürlich keine Imperialisten sind.

Als Ursachen für den Einmarsch in die Ukraine gelten dann z.B. intrinsische Expansionsgelüste Russlands, mit einer »seit dem Mittelalter bestehende[n] Gewaltkultur des Moskauer Staates«, so der Osteuropawissenschaftler Schulze-Wessel (FAZ, 2.5.2023, S. 7). Als ob das Mittelalter in Westeuropa eine friedliche Veranstaltung gewesen wäre, ganz zu schweigen von späteren Epochen mit Inquisition, Dreißigjährigem Krieg, Kolonialismus, Imperialismus und Auschwitz.

---

[95] Rede bei der 77. Generalversammlung der UNO, 20.9.2022.

[96] So verfährt z.B. Herfried Münkler, Imperien. Die Logik der Weltherrschaft – vom alten Rom bis zu den Vereinigten Staaten. Berlin 2006.

Sehr beliebt ist auch das Argument von den »imperialen, historisch verblendeten Machtfantasien des Herrschers im Kreml«, so Bundeskanzler Scholz (Tagesschau Online, 12.9.2023), oder gar Russland wolle die »Weltherrschaft« anstreben, wie der in Deutschland lebende russische Schriftsteller Wladimir Kaminer meint (FAZ, 13.9.2023. S. 13). Die empirischen Belege beschränken sich dann aber auf ein paar Zitate aus Putin-Reden. Zum einen aber erfordert ein quellenkritischer Umgang mit Politikerreden generell, zwischen Realität, Wunschdenken und interessegeleiteter Propaganda zu unterscheiden. So möchte Annalena Baerbock zwar Russland ruinieren, was einiges über die mentale Verfassung unserer Außenministerin sagt, aber nichts darüber, ob das in der Realität auch so funktioniert. Das gilt auch für Putin. Zum anderen ist die Einschätzung der Außenpolitik eines Landes aus Politikerreden auf Sand gebaut, wenn sie nicht in Beziehung zu den machtpolitischen Realitäten gesetzt ist. Linke, die den Scholzschen Imperialismusbegriff übernehmen, geraten deshalb leicht ins Schlepptau platten Freund-Feind-Denkens, dessen aktuellster Ausdruck die Einteilung der Welt in Autokratien und Demokratien ist.

Demokratie versus Autokratie

Den USA zufolge ist der Kern der geopolitischen Rivalität ein Wettstreit zwischen Demokratien und Autokratien. Die Nationale Sicherheitsstrategie vom Oktober 2022 widmet dem einen eigenen Abschnitt.[97] Geteilt wird dieses Weltbild von den Juniorpartnern. So kündigte z.B. die Ampelkoalition schon 2021 im »Systemwettbewerb mit autoritär regierten Staaten eine strategische Solidarität mit unseren demokratischen Partnern« an.[98] Auch die EU-Kommission liegt auf Kurs: »Werden es Autokraten sein, die uns ihre Weltsicht aufzwingen? Oder gelingt es uns Demokraten, unsere Werte zu verteidigen?«[99]

---

[97] The White House ..., a.a.O., S. 8.
[98] Koalitionsvertrag zwischen SPD, Grünen und FDP, S. 143.
[99] FAZ Online, 6.5.2022.

Allerdings gibt es in der US-Sicherheitsstrategie eine pikante Abweichung von der reinen Lehre. Unter dem Titel »Die Natur des Wettbewerbs zwischen Demokratien und Autokratien« heißt es: »Die dringendste strategische Herausforderung für unsere Vision geht von Mächten aus, die autoritäres Regieren mit einer revisionistischen Außenpolitik verbinden.« Es geht also nicht um Autokratie schlechthin, sondern um die Kombination von Autokratie mit dem, was Washington als Revisionismus etikettiert, nämlich dem Eintreten für eine multipolare Weltordnung. Daneben gibt es eine andere Kategorie von Autokratien: »Viele Nicht-Demokratien schließen sich den Demokratien der Welt an, um diesen [revisionistischen] Verhaltensweisen abzuschwören.«[100]

Man kreiert also zwei Sorten von Autokratie: die bösen in Peking und Moskau und die nicht-revisionistischen, die nicht gegen die US-Hegemonie aufmucken. Sie sind im Lager des »*Wertewestens*« willkommen. Neu ist das nicht. Schon immer gab es eine skrupellose Doppelmoral des Westens in Sachen Demokratie und Menschenrechte. Jetzt findet das aber auch offiziell Eingang in die außenpolitische Doktrin. Der Grund ist klar: Es wird Verstärkung im Kampf um die Zukunft der Weltordnung gebraucht, und da lässt man bei den Werten auch mal Fünfe gerade sein.

Instrumentalisierung von Demokratie für undemokratische Zwecke

Als Ideal für die Gestaltung der gesellschaftlichen Verhältnisse ist Demokratie Motor für Emanzipation und hat – zu Recht – auch in der Linken den Status ethischer Hochwertigkeit. Allerdings bekommt Demokratie eine völlig andere Qualität, wenn sie an Außenpolitik gekoppelt und zwecks Einmischung in die inneren Verhältnisse eines anderen Landes, für Druckausübung, Regime-Change oder gar militärische Gewaltanwendung instrumentalisiert wird – also alles höchst undemokratische Verfahren. Demokratie-Export steht in klarem Widerspruch zum Prinzip der souveränen Gleichheit, des Rechts auf Selbstbestimmung sowie

[100] The White House ..., a.a.O., S. 8.

des Verbots der Nichteinmischung in die inneren Verhältnisse, wie es zentraler Bestandteil der UN-Charta ist.

Deshalb ist auch das offizielle Kriegsziel Russlands, Kiew »entnazifizieren« zu wollen, selbst dann völkerrechtswidrig, wenn die Ukraine tatsächlich faschistisch wäre. Sie ist es nicht, auch wenn rechtsextremistische bis faschistische Kräfte bis in hohe Regierungsämter so viel Einfluss haben wie sonst nirgendwo. Aber auch der freigiebige Umgang mit dem Faschismusvorwurf gegen Russland selbst bei einigen Linken,[101] ist substanzlos, wenn man den historischen Faschismus nicht verniedlichen will.

Tatsächlich gehört das politische System Russlands in die Kategorie *Autoritarismus*. In der politischen Wissenschaft wird dieser Typus politischer Herrschaft von *Diktatur*, *Despotie* und *Faschismus* unterschieden. Hauptkriterium ist dabei, dass autoritäre Systeme begrenzt Pluralismus zulassen, darunter mehr oder minder saubere Wahlen, eine systemkonforme Zivilgesellschaft und Oppositionsparteien, in Russland u.a. die Kommunistische Partei. Sie verfügen auch in der Regel über Akzeptanz bei einer Mehrheit der Bevölkerung. Grund- und Menschenrechte sowie Rechtsstaatlichkeit sind teilweise, aber nicht völlig außer Kraft, die Medien unterliegen bei politisch brisanten Themen staatlicher Kontrolle. Offene Repression wird vor allem gegen Kräfte gerichtet, die angeblich oder tatsächlich einen Systemwechsel anstreben. Im Gegensatz zum Faschismus gibt es keine verbindliche

---

[101] So spricht der Jenaer Soziologe Klaus Dörre von einem »autoritären Exterminismus« Putins, der »nach Ausweitung von Einflusssphären [strebt], gepaart mit dem Wunsch nach Totalisierung politischer Macht. Es ist dieses Streben, das Madeleine Albright […] als Hauptmerkmal eines neuen Faschismus bezeichnet.« (Marxistische Blätter 1/2023, S. 71) Die Faschismustheoretikerin, auf die Dörre sich bezieht, ist die ehemalige Außenministerin Clintons, in deren Amtszeit der NATO-Krieg gegen Jugoslawien 1999 fiel. Bekannt wurde sie schon 1996, damals UN-Botschafterin der USA, als sie auf die Frage eines Journalisten, ob die Wirtschaftssanktionen gegen den Irak, den Tod von 500.000 Kindern rechtfertigten, antwortete: »Ich denke, das ist eine schwere Entscheidung, aber der Preis, aber der Preis, denken wir, der Preis ist es wert.« In ihren Memoiren hat sie sich allerdings davon distanziert: www.fff.org/explore-freedom/article/albright-apologizes/.

Ideologie und keinen Zwang zur Massenmobilisierung auf deren Grundlage.

Nach dem in westlichen Medien beliebten »Demokratie Index« der britischen Wochenzeitschrift *The Economist* waren 2021 nur 21 Länder »vollständige Demokratien«. Nun stecken in solchen Rankings immer eine Menge methodischer Probleme, und meist auch ein ideologisches Vorverständnis. Aber zutreffend sein dürfte, dass die Mehrheit der Länder eher unter die Kategorie *autoritär* als *demokratisch* fällt. Dabei gibt es innerhalb der Kategorie *autoritär* wiederum viele Abstufungen. Zwischen Ungarn, Russland und Polen einerseits, und Saudi-Arabien oder Ägypten andererseits, dürften große Abstände liegen. Und auch bei manchen Demokratien ließe sich darüber streiten, ob z.B. die französische Verfassung mit ihrer Machtfülle des Präsidenten – von der selbstherrlichen Entscheidung über Krieg und Frieden bis zur Durchsetzung einer neoliberalen Rentenreform am Parlament vorbei und gegen den Willen von zwei Dritteln der Bevölkerung – nicht auch als autoritär einzustufen wäre.

Für unser Thema Krieg und Frieden ist jedoch die Frage ausschlaggebend, welche Rolle das politische System eines Landes für die internationalen Beziehungen spielen soll. Nach einer im Westen weitverbreiteten Meinung haben Demokratien die Mission, ihr System auch zu exportieren. Eine solche Denkweise ist auch der Linken nicht fremd. Nach der Oktoberrevolution gab es eine Phase, in der prominente Sowjetpolitiker für den Export der Revolution plädierten. Einige Aktivitäten der Kommunistischen Internationale und ihrer Nachfolgeeinrichtungen fallen ebenfalls unter die Kategorie Regime-Change. Das gilt auch für Che Guevaras Interpretation von Internationalismus, der per Guerillakrieg z.B. in Bolivien eine Revolution herbeiführen wollte. Ein entfernter Nachhall findet sich bei der ehemaligen Co-Vorsitzenden der Linkspartei, Susanne Henning-Wellsow, die meinte, ihre Organisation sei »eine internationalistische Partei, die Menschenrechte auf der ganzen Welt durchsetzen will« (Die Welt, 23.10.2020; S. 5). Aber das war auch schon immer in der Linken umstritten. So sagte z.B. schon Robespierre zum Export der Revolution durch die militärische Etablierung von Schwesterrepubliken – républiques sœurs wie z.B. die Mainzer Republik: »Die ausschweifendste Idee, die im Kopf eines Politikers entstehen kann, ist die, zu glauben, dass es für ein Volk genüge, mit bewaffneter Hand ins Territorium eines fremden Volkes einzubrechen, um es dazu zu zwingen, seine Gesetze und seine Verfassung anzunehmen. Niemand liebt die bewaffneten Missionare; der erste Rat, den die Natur und die Klugheit geben, ist der, sie als Feinde zurückzuschlagen.«[102]

Im Spannungsfeld zwischen Souveränität und universalen Menschenrechten

Das gilt auch noch heute. Wenn sich eine Gesellschaft nicht völlig im Zerfall befindet, erreicht ausländischer Druck für innenpolitische Veränderungen meist das Gegenteil. Es formiert sich die Wagenburg, in der ein enormer Konformitätsdruck herrscht, und die Bevölkerung schart sich um die Führung. In der Ukraine wird das Phänomen nach dem russischen Einmarsch im bellizistischen Lager sogar als Heldenlied dargestellt und die Einschränkung demokratischer Rechte ignoriert oder verständnisvoll akzeptiert. Für Russland gilt aber der gleiche Mechanismus. Wie Lew Gudkow, Chef des unabhängigen und als ausländischer Agent markierten Umfrageinstituts *Lewada*, bestätigt, ist seit Kriegsbeginn nicht nur Putins Popularität, sondern sogar die der Regierungspartei wieder gestiegen, die sich vor dem Krieg auf ziemlich absteigendem Ast befand (FAZ, 5.10.2023; S. 7).

Dennoch erfreut sich die Vorstellung, andere Länder mit den eigenen Wertorientierungen zu beglücken, nach wie vor großer, wenn nicht wachsender Beliebtheit. Eine theoretische Rechtfertigung für selbstmandatierte Einmischung in deren Innenpolitik liefert die *Idealistische Liberale Theorie der Internationalen Be-*

[102] Œuvres de Maximilien Robespierre. Zitiert nach Peter Fischer (Hrsg.), Reden der Französischen Revolution, München 1974, S. 147.

ziehungen.[103] Deren Kernargument lautet, dass Demokratien untereinander keinen Krieg führen, und auch darüber hinaus friedfertiger als andere seien. Deshalb erfordere der Weltfrieden, dass mindestens alle großen Staaten Demokratien werden.

Empirisch ist die Theorie unzutreffend. Das gilt schon für die Behauptung, Demokratien würden nicht gegeneinander Krieg führen. So war z.B. das Wilhelminische Deutschland als konstitutionelle Monarchie nach damaligen Standards England gegenüber durchaus vergleichbar. Während das englische Unterhaus noch nach dem Zensuswahlrecht gewählt wurde, galt bei Reichstagswahlen sogar schon das Prinzip *Ein Mann – eine Stimme*. Dennoch löste Deutschland mit den Stimmen der ihrerseits demokratischen SPD am 1. August 2014 den Ersten Weltkrieg aus.

Erst recht ist die intrinsische Friedfertigkeit von Demokratien eine Schimäre, wenn man sich die US-Kriege und die anderer NATO-Staaten nach 1945 ansieht.[104] Im Gegensatz zu seinem Anspruch, Frieden zu schaffen, verleitet der idealistische Liberalismus dazu, Außenpolitik zum »permanenten Kreuzzug für Demokratie«[105] zu machen. Hier liegt eine Konvergenz zwischen dem Missionarismus westlicher Außenpolitik und linkem Internationalismus, sodass sich im Fall des Ukraine-Kriegs linker Bellizismus mit dem des Mainstreams trifft.

Zugleich aber haben wir es mit einem Dilemma emanzipatorischer Politik zu tun. Denn natürlich sind die Steinigung von Ehebrecherinnen in Saudi-Arabien, die Theokratie der Mullahs und der Taliban, die Verfolgung religiöser, ethnischer, politischer u.a. Minderheiten in vielen Teilen der Welt, darunter auch im Westen, unerträglich und sprechen der Universalität der Menschenrechte Hohn. Universalität heißt allerdings, dass jeder Mitgliedsstaat

---

[103] Siegfried Schieder, Neuer Liberalismus. In: Schieder/Spindler (Hrsg.), Theorien der Internationalen Beziehungen. Opladen & Farming Hills 2010, S. 188ff.

[104] Detailliert dazu Bernd Greiner, Made in Washington. Was die USA seit 1945 in der Welt angerichtet haben. München 2021.

[105] Kees van der Pijl, The Discipline of Western Supremacy. Modes of Foreign Relations and Political Economy, Volume III. London 2014. S. 47ff.

Menschenrechte auf seinem eigenen Territorium verwirklichen soll. Eine Ermächtigung, sie in anderen Ländern durchzusetzen, womöglich militärisch, ist das nicht.[106] Das heißt, wir haben es hier mit einem Widerspruch zwischen dem Prinzip der Souveränität und der Nicht-Einmischung und den Menschenrechten zu tun. Eine der größten Herausforderungen linker Außenpolitik ist es, einen autonomen Weg zwischen Gleichgültigkeit gegenüber Menschenrechtsverletzungen in der Welt und deren Instrumentalisierung für globale Dominanzansprüche des Westens zu finden. Sicher ist freilich, dass die einseitige Auflösung des Widerspruchs für den einen oder anderen Pol in die Sackgasse führt.

---

[106] Auch für extreme und massenhafte Verletzungen von Völkerrecht und Menschenrechten hat allein der UN-Sicherheitsrat das Mandat, auch militärisch einzugreifen. Das betrifft auch das sogenannte R2P-Prinzip, d.h. die »Verantwortung, Bevölkerungen vor Völkermord, Kriegsverbrechen, ethnischer Säuberung und Verbrechen gegen die Menschheit zu schützen« (Resolution 60/1. der UN-Vollversammlung vom 24.10.2005).

7. Eine Zukunft voller Unsicherheiten

Niemand kann wissen, wie der Ukraine-Krieg endet. Es gibt aber wahrscheinlichere und unwahrscheinlichere Szenarien. Zu Letzteren gehört ein militärischer Sieg der Ukraine mit der Wiederherstellung der Grenzen von 1992, oder auch nur der von 2022. Umgekehrt gibt es für eine Eroberung der ganzen Ukraine durch Russland, oder gar für einen russischen Angriff auf NATO-Mitgliedsstaaten keine seriösen Anhaltspunkte, es sei den man hält die russische Führung für einen Haufen durchgeknallter Idioten. Aber natürlich ist die »Gefahr aus dem Osten« schon immer das Mantra der NATO-Propaganda. So notwendig es in internationalen Beziehungen ist, subjektive Bedrohungswahrnehmungen ernst zu nehmen, so notwendig ist es, nüchtern zwischen realen Risiken und der Instrumentalisierung von Ängsten zu unterscheiden.

Wahrscheinlich sind dagegen zwei andere Szenarien:

- ein Einfrieren des Konflikts nach dem Muster des seit 1953 andauernden Waffenstillstands zwischen Nord- und Südkorea;
- eine Fortdauer des Krieges mit der Möglichkeit erneuter Eskalation nach dem Muster der 2023 gescheiterten Frühjahrsoffensive Kiews. Das könnte so lange gehen, bis die Erschöpfung – wohl zuerst der Ukraine – so stark ist, dass dann das vorherige Szenario eintritt.

In beiden Fällen aber besteht das Risiko einer direkten NATO-Beteiligung und eines Kontrollverlustes mit unabsehbaren Folgen. So ist ein gefürchtetes Szenario eine Provokation aus dem Baltikum oder Polen, z.B. eine Blockade der russischen Exklave Kaliningrad, die durch Russland militärisch beantwortet wird und dann die NATO-Beistandsklausel auslöst. Solche Risiken wachsen, je länger der Krieg anhält.

Unabhängig vom weiteren Kriegsverlauf lässt sich schon jetzt mit einiger Sicherheit vorhersagen, dass es einen wirklichen Frieden auf lange Zeit nicht geben wird, höchstens eine Art kalter Frieden. Zu sehr sind Hass und Feindseligkeiten eskaliert, zu hoch der

Einsatz an Geld und Waffen, und zu fundamental die Gegensätzlichkeit der strategischen Ziele der Hauptakteure. Für Jahre wird ein neuer Eiserner Vorhang den Kontinent teilen und die globale Konfrontation zwischen dem Westen und der Achse Moskau-Peking die Welt belasten. Länder, die bisher nicht eindeutig im einen oder anderen Lager stehen, werden Gegenstand von heftigem Tauziehen zwischen beiden Lagern sein.

Sanktionen schlagen auf ihre Urheber zurück

All das wird nicht nur die zwischenstaatlichen Beziehungen belasten, sondern sich auch überall innenpolitisch auswirken. Die Rückwirkungen der Sanktionspolitik auf die EU, die Abkopplung von russischer Energie und Rohstoffen werden die auch ohne Krieg schon enormen Schwierigkeiten mit der Dekarbonisierung und den technologischen Umbrüchen – Stichwort Digitalisierung – verschärfen. Deutschland ist davon ganz besonders betroffen. Sicher ist am Alarmismus von Unternehmerseite über die Perspektiven des Standorts Deutschland eine gehörige Portion Stimmungsmache. Klage ist des Kaufmanns Gruß, wie schon die Phönizier sagten. Doch nicht alles ist aus der Luft gegriffen. Sollte die deutsche Wirtschaft zum »kranken Mann« der EU werden, wird das bestehende Krisenchaos noch einmal um eine Dimension chaotischer. Die Verteilungskämpfe werden sich verschärfen und das soziale Klima wird noch giftiger.

Auch der Abbau demokratischer Rechte wird weitergehen. Die Einschränkung der Informations- und Meinungsfreiheit durch das Verbot von *Russia Today* und *SPUTNIK*, mit dem ein Monopol der eigenen, staatstragenden Propaganda erreicht werden soll, ist nur die Spitze des Eisbergs. Besonders besorgniserregend ist ein Gesetz, das am 22. Oktober 2022 fast unbemerkt durch den Bundestag ging. Ursprüngliches Thema war die öffentliche Leugnung oder Verharmlosung des Holocausts (§ 130, 3, StgB). In der Abstimmung kurz vor Mitternacht wurde der Straftatbestand auf »Kriegsverbrechen« ausgedehnt. Angesichts der in Kriegen immer verbreiteten Instrumentalisierung von angeblichen oder tatsächlichen Verbrechen, die natürlich immer nur der Feind begeht, riskiert man, mit der Hinterfragung solcher Ereignisse der Verharmlosung von Kriegsverbrechen bezichtigt zu werden. Gleichzeitig werden die mentale Militarisierung der Gesellschaft und eine massive Aufrüstung vorangetrieben.

Hart getroffen werden auch die Pläne zum ökologischen Umbau. Die Pariser Reduktionsziele waren schon vor dem Krieg unrealistisch. Die Abkopplung von russischen Gaslieferungen führt jetzt nicht nur zu Belastungen für Industrie und Privathaushalte, sondern verschlechtert auch die CO_2-Bilanz. Nach Darstellung des Bergamts Stralsund, das für die technische Genehmigung von Nordstream II zuständig war, enthält das russische Erdgas »einen zwischen 2,4-mal und 4,5- mal kleineren CO_2-Fußabdruck« als Fracking- und Flüssiggas aus den USA, Australien und Nahost.[107] Dabei sind die Kohlekraftwerke, die als Folge des Wirtschaftskrieges wieder ans Netz gingen, noch nicht auf der Rechnung.

Vom Wirtschaftskrieg ist die EU besonders betroffen, ganz im Gegensatz zu den USA mit ihren vergleichsweise geringen Wirtschaftsbeziehungen zu Russland. Zudem wächst der Druck aus Washington und von den Ultras unter den bellizistischen Kräften der EU, die Konfrontation mit China zu verschärfen. Unter dem Etikett *De-Risking* wird eine möglichst weitgehende ökonomische Abkopplung von China angestrebt, auch wenn hier aufgrund der wirtschaftlichen Stärke Chinas und der starken Präsenz deutscher und europäischer Unternehmen auf dem chinesischen Markt vorerst noch Zurückhaltung geübt wird.

Die Konfrontation zieht Politik, Wirtschaft und Gesellschaft in ihren Bann und absorbiert so enorme Ressourcen, die für die Lösung der vielen anderen Probleme benötigt werden. Krieg und Rüstungswettlauf verschlingen gigantische Summen sowie Rohstoffe und haben einen dramatischen Umweltverbrauch. Der öko-

---

[107] Bergamt Stralsund, Energierechtliches Planfeststellungsverfahren für die Errichtung und den Betrieb der Gasversorgungsleitung »Nord Stream 2« durch die Ostsee von der Narva-Bucht (RUS) nach Lubmin (DEU) im Abschnitt des deutschen Küstenmeeres. AZ 300/18 663/NordStream2/04 Mü, Pr, Gr 31.1.2018, S. 100.

logische Fußabdruck allein des US-Militärs entspricht dem einer mittleren Volkswirtschaft wie Dänemark oder Marokko. Auch die Entscheidungsfähigkeit und Entscheidungsspielräume für Politik schrumpfen, und es werden Pfadabhängigkeiten geschaffen, von denen abzuweichen zukünftig immer schwerer wird.

Zwar wird eine Abwendung von Konfrontation und Bellizismus nicht all die anderen Probleme automatisch lösen. Sie ist aber Voraussetzung dafür, dass diese lösbar werden. Insofern muss der Kampf gegen den Klimawandel, müssen Sozialproteste und Demokratiebewegung immer auch Teil der Friedensbewegung sein, wenn sie erfolgreich sein wollen. Hinzu kommt, dass der neue Nahostkrieg nicht nur ein besonders komplexes Problem internationaler Politik ist, sondern auch innenpolitisch außergewöhnliches Gewicht hat. Zum einen wegen der Shoah, zum anderen vor dem Hintergrund des wachsenden Anteils von Muslimen an der Bevölkerung, von dem sich viele mit den Palästinensern identifizieren. Daraus können sich massive gesellschaftliche Konflikte ergeben.

Denn wenn auch Prognosen zum Ausgang des neuen Nahostkriegs noch nicht möglich sind, so ist doch sicher, dass er weitreichende Auswirkungen haben wird. Einige Elemente zeichnen sich Ende Oktober 2023 schon ab:

- Der Teufelskreis aus Gewalt, Hass und Rache, der seit fast 80 Jahren die Region beherrscht, erfährt eine neue, blutige Fortsetzung.
- Den höchsten Preis werden – wieder einmal – die Palästinenser bezahlen.
- Der Einfluss der israelischen Rechten, der durch die Massenbewegung gegen den Abbau der Demokratie im Sommer 2023 in die Defensive geraten war, wird wieder zunehmen, einschließlich der von fanatischen Extremisten und Rassisten, wie dem Finanzminister Bezalel Smotrich.
- Das Palästinenserproblem ist wieder an die Spitze der internationalen Agenda gerückt. Versuche vor allem der USA, eine Verständigung zwischen Israel und arabischen Ländern unter Ausklammerung der Palästinenserfrage zustande zu bringen, sind gescheitert.

- Selbst wenn es nicht zu einer regionalen Ausweitung des Krieges kommt, werden Spannungen auf absehbare Zeit die Region beherrschen.
- Geopolitisch hat der Krieg die globalstrategische Rolle der USA zwar gestärkt, lenkt sie aber, genau wie der Ukraine-Krieg, von ihrem Hauptproblem China ab und vertieft die internen Konflikte.
- Die westliche Doppelmoral im Umgang mit Israels Verletzungen von Menschenrechten und Völkerrecht vergrößert die Distanz zum Globalen Süden, wie die Resolution der UN-Vollversammlung Ende Oktober zeigt, bei der Washington völlig isoliert war.[108]
- Die Rolle der EU im Nahostkonflikt ist marginal. Es gibt keinen Konsens bei diesem Thema und die Mitgliedsländer agieren unabhängig voneinander auf Grundlage ihrer jeweils nationalen Interessen.

Welche außenpolitische Strategie der Linken für die Zukunft?

Vor dem Hintergrund dieser unerfreulichen Zukunftsaussichten steht die gesellschaftliche Linke vor der Herausforderung, emanzipatorische Alternativen zur herrschenden Kriegs- und Konfrontationspolitik zu formulieren. Sie kann dabei auf nach wie vor gültige Prinzipien zurückgreifen: Diplomatie, Dialog, Entspannung, Verständigung, Kooperation, friedliche Koexistenz, politische Konfliktlösung und Völkerrecht. Sie mögen so manchem bellizistischen Linken altmodisch vorkommen. Aber da die Probleme, auf die sie gemünzt sind, leider nicht altmodisch sind, bleiben sie als normative Orientierung und friedenspolitisches Instrumentarium unverzichtbar.

---

[108] Die Resolution erhielt eine Zweidrittel-Mehrheit. Neben Israel stimmten zwölf weitere Länder mit den USA: Fidschi, Marschall-Inseln, Mikronesien, Nauru, Papua-Neuguinea, Tonga, sowie die EU-Mitglieder Ungarn, Tschechien, Kroatien und Österreich.

Allerdings ist es mit allgemeinen Prinzipien nicht getan. Die Komplexität und Widersprüchlichkeit im internationalen System verlangen, auf konkrete Entwicklungen reagieren zu können. Alternativen heißt zuallererst, sich deutlich vom derzeitigen Kurs des herrschenden Blocks zu unterscheiden und als eigenständige Position sichtbar zu sein. Für eine autonome Positionierung der Linken stehen, ohne Anspruch auf Vollständigkeit, die folgenden Fragen auf der Tagesordnung:

- Gebraucht wird die kritische Auseinandersetzung mit der Außenpolitik der USA. Das hat nichts mit Anti-Amerikanismus zu tun, sondern man kann das internationale System nicht verstehen, wenn man nicht weiß, wie das größte und einflussreichste Element darin funktioniert. Die Linke braucht viel mehr USA-Versteher. Sie braucht Sachkenntnis über das US-Militär zu Lande, zu Wasser, unter Wasser, in der Luft, im Weltraum und im Cyberspace, und Wissen über die ökonomischen, technologischen und politischen Machtinstrumente, über die die USA wie kein anderes Land verfügen, sowie über die entsprechenden Strategien.
- Ähnliches Wissen braucht sie über China und Russland und ggf. andere große Spieler. Allerdings ohne in ein schematisches Äquidistanzdenken zu verfallen, in dessen Nacht alle Katzen grau, bzw. alle Großmächte böse sind, sodass man sich möglichst aus deren Händel raushält.
- Und da das Gegenteil eines Fehlers meist wieder ein Fehler ist, darf man sich auch nicht schematisch in das eine oder andere geopolitische Lager einordnen.
- Das schließt freilich nicht aus, nach Einzelfallprüfung auch eine Initiative eines Landes oder einer Ländergruppe zu unterstützen. Wenn US-Vize-Außenministerin Victoria Nuland mit der Militärjunta im Niger verhandelt, um einen Krieg zu verhindern, dann wäre dagegen nichts einzuwenden, auch wenn man ihre Rolle beim Umsturz in Kiew 2014 für einen großen Schritt in die Hölle des Ukraine-Kriegs hält. Auch die Bemühungen des türkischen Präsidenten beim Zustandekommen des ersten Getreidedeals können Linke unterstützen, auch wenn man seine Politik gegenüber den Kurden und der Opposition im Land ablehnt.

- Die Linke kann sich ein Wegducken beim Nahostproblem nicht leisten. Gefragt ist eine eigenständige Position auf der Grundlage der oben formulierten Grundsätze.
- Die Überwindung der US-Dominanz durch eine polyzentrische Weltordnung ist ein Ansatz zur Demokratisierung des internationalen Systems, an den linke Außenpolitik andocken kann. Wohlgemerkt: Ansatz. Denn die Verschiebung an der Spitze der globalen Hierarchie muss für sich genommen kein Fortschritt sein, wenn es nur darum ginge, einen Hegemon durch einen anderen zu ersetzen. Die Welt käme vom Regen in die Traufe. Auf was es ankommt, ist die Abflachung der internationalen Hierarchie durch eine progressive inhaltlich-politische Orientierung zu ergänzen. In der Abschlusserklärung des ersten BRICS-Gipfels 2009 wird durchaus als Ziel formuliert »eine multipolare Weltordnung, die demokratischer und gerechter ist, basierend auf der Anwendung des Völkerrechts, des gegenseitigen Respekts, der Kooperation, gemeinsamen Handelns und kollektiver Entscheidung aller Staaten«.[109] Das ist natürlich erst mal nur eine Absichtserklärung. Sollte sie Wirklichkeit werden, wäre das in der Tat eine neue Weltordnung, die die Unterstützung der Linken verdient.
- Für den im vorigen Kapitel dargelegten Widerspruch zwischen Souveränität und Menschenrechten ist ein angemessener Umgang zu finden.
- Methodisch ähnlich gelagert ist die Frage nach strategischer Autonomie der EU, wie sie von Macron in seiner berühmten Rede an der Sorbonne 2017 in die Diskussion gebracht wurde. Eine strategische Autonomie, die darauf hinausläuft, die EU als klassische Großmacht neben den USA und China zu etablieren, hat absolut nichts Emanzipatorisches. Nur eine Autonomie, die mit einem anderen Politiktypus einhergeht, der auf Frieden, Ko-

[109] BRICS (2009), Joint Statement of the BRIC Countries' Leaders, June 16, 2009, Yekaterinburg. archive.kremlin.ru/eng/text/docs/2009/06/217963.shtml.

existenz, Abrüstung und Kooperation beruht, wäre auch ein linkes Projekt. Damit würde auch die NATO überflüssig.

- Gleiches gilt für die deutsche Außenpolitik. Hier liegt auch eine besondere Verantwortung der deutschen Linken, die ihr sonst niemand in der Welt abnehmen kann. Ihre Aufgabe ist es, der Militarisierung der Gesellschaft, der Aufrüstung und den Großmachtambitionen des herrschenden Blocks entgegenzutreten. Dazu gehört auch, dämonisierende Feindbilder zu bekämpfen, die erst Kriegsbereitschaft erzeugen.

Mit dem hier skizzierten Profil kann die Linke eine Alternative zum bellizistischen *Highway to Hell* aufzeigen. Der Geist des Militarismus ist in unserer Gesellschaft noch nicht mehrheitsfähig, wie alle Umfragen belegen. Anscheinend ist eine post-heroische Mentalität doch recht weit verbreitet, was durchaus als zivilisatorische Errungenschaft gewertet werden kann. Denn wie lässt Bertolt Brecht seinen Galileo so treffend sagen: »Unglücklich das Land, das Helden nötig hat.« Gerade hier liegt ja auch der Grund für die atemberaubende Propagandawalze, die durch die staatstragenden Medien rollt, um Konformismus an der Heimatfront zu erzwingen.

Aber wenn man mit internationalistischem Blick auf die Lage schaut, und sich die Positionen des Globalen Südens vor Augen führt, dann wird trotz alledem klar, dass konsequente Friedenspolitik für das 21. Jahrhundert keineswegs auf verlorenem Posten steht.

Hat linker Bellizismus eine Zukunft?

Das wird auf Dauer auch nicht spurlos an so manchen aus der bellizistischen Strömung der Linken vorbeigehen. Nach mehr als eineinhalb Jahren Krieg und der kaltschnäuzigen Verweigerung von Kompromissen und Verhandlungen durch den herrschenden Block verblasst die Schockwirkung des 24. Februars 2022. Es tritt immer stärker der Stellvertretercharakter des Krieges hervor, und wie in jedem Krieg greift Kriegsmüdigkeit um sich – umso schneller, wie für Kiew die Erfolge an der Front ausbleiben. Besonders deutlich wird dies seit dem Beginn des Nahostkrieges, der die öffentliche Aufmerksamkeit so stark absorbiert, dass die Ukraine in den Hintergrund getreten ist. So manche Verunsicherten aus den ersten Monaten des Krieges haben bereits begonnen umzudenken und treten inzwischen für einen Verhandlungsfrieden ein. Für eine dauerhafte Formierung eines linken Bellizismus besteht ohnehin kein politischer Bedarf. Und diejenigen, die dennoch ihr Glück damit versuchen, werden über kurz oder lang vom Mainstream aufgesogen.

Hinzu kommt, dass mit dem Nahostkrieg die eklatante Doppelmoral des herrschenden Blocks auch im Inneren sehr deutlich zutage tritt. Wie Umfragen zeigen, gelingt es trotz massiver medialer Bearbeitung, der skrupellosen Instrumentalisierung des Antisemitismusvorwurfs und zunehmend repressiver Maßnahmen gegen Meinungsfreiheit und Demonstrationsrecht nicht, die Bevölkerung in gewünschtem Maße auf bellizistischen Kurs zu bringen. So halten Infratest dimap zufolge 61% der Deutschen die israelische Kriegführung in Gaza für ungerechtfertigt, wenn die Zivilbevölkerung davon betroffen ist.[110]

Vor diesem Hintergrund sind die Überzeugungskraft friedenspolitischer Argumente und die Bereitschaft von Bedeutung, mit der großen Gruppe der Schwankenden und Verunsicherten im Dialog zu bleiben. Wenn diese Diskussion mit Verständnis, sachlich und ohne Häme oder gar Triumphalismus geführt wird, werden viele wieder für authentische linke Friedenspolitik gewonnen werden. Erst recht gilt das natürlich gegenüber der jüngeren Generation.

Aber klar ist auch, dass Friedenspolitik unter den gegenwärtigen Bedingungen vor neuen und komplexen Herausforderungen sowie zahlreichen noch ungelösten Fragen steht. Aber auch wenn uns, um noch einmal Brecht zu zitieren, »die Worte bereits wie Asche in unserem Mund sind«: Frieden ist nicht alles, aber ohne Frieden ist alles nichts.

---

[110] tagesschau online, 2.11.2023. www.tagesschau.de/inland/deutschlandtrend/deutschlandtrend-3408.html.